CAMBRIDGE
UNIVERSITY PRESS

Panorama francophone 2
French ab initio for the IB Diploma
Workbook
Second edition
Danièle Bourdais, Sue Finnie and Geneviève Talon

CAMBRIDGE
UNIVERSITY PRESS

University Printing House, Cambridge CB2 8BS, United Kingdom

One Liberty Plaza, 20th Floor, New York, NY 10006, USA

477 Williamstown Road, Port Melbourne, VIC 3207, Australia

314–321, 3rd Floor, Plot 3, Splendor Forum, Jasola District Centre, New Delhi – 110025, India

79 Anson Road, #06–04/06, Singapore 079906

Cambridge University Press is part of the University of Cambridge.

It furthers the University's mission by disseminating knowledge in the pursuit of education, learning and research at the highest international levels of excellence.

www.cambridge.org
Information on this title: www.cambridge.org/9781108707374

First published 2019

20 19 18 17 16 15 14 13 12 11 10 9 8 7 6

Printed in Poland by Opolgraf

A catalogue record for this publication is available from the British Library

ISBN 978-1-108-70737-4 Paperback

....

1 En route vers l'aventure

1 Complétez le jeu-test avec la forme du verbe à l'imparfait qui convient.

*Exemple : Dans le passé, personne ne **voyageait**. [voyager]*

2 Si vous êtes d'accord avec la phrase, cochez (✔) la case à la fin de la phrase. Si vous n'êtes pas d'accord, mettez une croix (✗). Ensuite, discutez et comparez avec un(e) camarade.

*Exemple : Dans le passé, personne ne voyageait. ✗
Je ne suis pas d'accord, parce qu'il y avait beaucoup d'explorateurs qui faisaient des voyages.*

C'était le bon vieux temps ?

1 Dans le passé, les gens .... [voyager] moins. ☐

2 Quand on .... [partir], on n'........................... [aller] pas aussi loin que maintenant. ☐

3 Nous .... [avoir] moins de temps libre. ☐

4 Les jeunes .... [s'ennuyer] parce qu'ils n'........................... [avoir] pas de jeux électroniques. ☐

5 On n'........................... [écouter] pas de la musique partout comme on le fait maintenant. ☐

6 Les portables n'........................... [exister] pas, alors, en vacances, on n'........................... [avoir] pas de contact avec ses copains. ☐

7 Beaucoup de familles n'........................... [avoir] pas de voiture. ☐

8 Les bus et les trains .... [être] plus fréquents. ☐

9 Nous .... [être] tous moins stressés et plus heureux. ☐

10 La vie .... [être] plus simple et je la .... [préférer] comme ça. ☐

En vous basant sur les notes du bloc-notes, complétez le blog de Kévin avec des verbes au passé. Choisissez le passé composé ou l'imparfait.

30 juillet → Tunisie, frère

Jour du départ, pluie

Avion → Tunis, rapide, 2 heures

Hôtel, 10 jours, vieux, confortable

Visité la vieille ville (médina) + marché arabe (souk), intéressant mais trop de monde

Excursion en car → village pittoresque (Sidi Bou Saïd) + site historique de Carthage

Train → Hammamet, ville au bord de la mer, plage, soleil, chaud

Repas typique : couscous + thé à la menthe

Cet été, je suis allé en Tunisie avec mon frère. Nous sommes partis le 30 juillet et il pleuvait quand nous avons quitté Paris.

....

....

....

....

....

....

....

1/3

Voici des conseils pour un site web destiné aux voyageurs qui veulent être plus « verts ». Transformez les infinitifs en impératifs pour donner des conseils.

Exemple : [compenser] **Compensez** *vos émissions de CO₂.*

1 [*partir*]

.... moins souvent et moins longtemps.

2 [*limiter*]

.... l'utilisation de la climatisation.

3 [*rouler*]

En voiture, ... moins vite.

4 [*faire*]

.... du vélo ou de la marche à pied.

5 [*prendre*]

.... des photos au lieu de cueillir des fleurs.

6 [*recycler*]

.... vos déchets.

7 [*être*]

.... respectueux.

8 [*avoir*]

N'..................................... pas d'impact négatif sur les communautés que vous visitez.

1/4

Écrivez des conseils pour les voyageurs, avec des impératifs et des pronoms.

Exemple : produits locaux ?   acheter

S'il y a des produits locaux, achetez-les.

1 un bon site web ?   consulter

S'il y a un bon site web, ...

2 des moyens de transports en commun ?   prendre

S'il y a ....

3 une douche ?   choisir

S'il y a ....

4 des vélos ?   utiliser

S'il y a ....

5 un vieux journal ?   recycler

S'il y a ....

6 des sacs en plastique ?   éviter

S'il y a ....

1/5

Soulignez tous les verbes au plus-que-parfait.

Exemple : **J'avais lu** *toutes les brochures avant de choisir une destination de vacances.*

1 Le voyage était long, mais j'avais apporté des sandwichs.

2 Le lendemain, on pouvait sortir car la pluie avait cessé.

3 Comme le chien avait disparu, Max est sorti le chercher.

4 Quand les derniers touristes étaient partis, le patron a fermé le café.

5 Lorsque la nuit était tombée, elle a dû retourner à l'auberge.

6 Quand Marie avait acheté des chaussures de marche, elle était prête à partir.

Rappel grammaire

Les temps des verbes

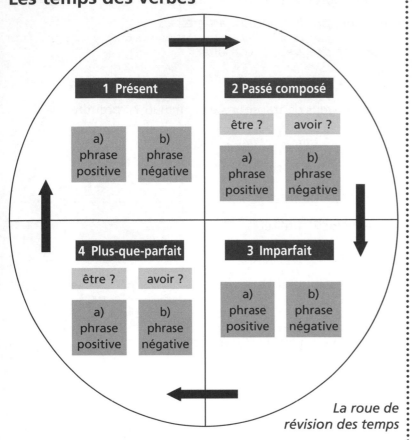

La roue de révision des temps

1 Sur une feuille, transformez les phrases 1–6 en suivant la roue de révision, comme dans l'exemple.

Attention :

- choisissez *être* ou *avoir* pour les temps composés
- placez bien la négation et l'adverbe.

Exemple : Je voyage beaucoup.

1a Je voyage beaucoup.
1b Je ne voyage pas beaucoup.
2a J'ai beaucoup voyagé.
2b Je n'ai pas beaucoup voyagé.
3a Je voyageais beaucoup.
3b Je ne voyageais pas beaucoup.
4a J'avais beaucoup voyagé.
4b Je n'avais pas beaucoup voyagé.

1 On respecte toujours l'environnement.
2 Ma copine se déplaçait généralement en bus.
3 Mes parents sont souvent partis en vacances.
4 Mon ami sort normalement seul.
5 Vous vous étiez toujours renseignés sur le pays.
6 J'ai vraiment apprécié mon voyage.

Les connecteurs logiques pour illustrer son propos

2 Ces connecteurs ne sont pas interchangeables.

Entourez le connecteur approprié dans chaque phrase, comme dans l'exemple.

Sonia

1 J'ai passé mes vacances en France, **en effet** / **comme** / **ou plus exactement** dans le sud du pays.

2 J'avais réservé une place de camping **comme** / **c'est-à-dire** / **ainsi que** loué une voiture écolo.

3 J'ai visité des tas de monuments historiques fascinants, **ou plus exactement** / **c'est-à-dire** / **comme par exemple** le pont du Gard et les arènes de Nîmes.

Lucas

4 Moi, je suis allé au Brésil et j'ai découvert la Capoeira, **comme par exemple** / **c'est-à-dire** / **ainsi qu'** un art martial brésilien.

5 J'ai essayé mais j'étais nul ; **en effet** / **c'est-à-dire** / **par exemple** c'est trop physique pour moi !

6 J'ai aussi goûté aux spécialités brésiliennes, **c'est-à-dire** / **comme par exemple** / **en effet** le feijoada, le pastel.

7 J'ai adoré Rio de Janeiro, **ou plus exactement** / **c'est-à-dire** / **en effet** sa plage, Copacabana.

8 J'ai aussi acheté beaucoup de t-shirts : **en effet** / **par exemple** / **plus exactement**, il y en avait des magnifiques et pas chers du tout.

3 Traduisez les connecteurs dans la langue d'instruction du lycée.

ou plus exactement = ...

ainsi que = ...

comme par exemple = ...

c'est-à-dire = ...

en effet = ...

4 Écrivez une phrase personnelle qui contient le connecteur indiqué.

comme par exemple

....

ainsi que

....

c'est-à-dire

....

en effet

....

2 Les médias : s'informer, s'amuser, réfléchir

Connaissez-vous le vocabulaire de la presse ? Remplissez les blancs avec les mots de l'encadré qui conviennent le mieux. Chaque mot ne peut être utilisé qu'une seule fois. Remarque : il y a plus de mots que de blancs.

> • en ligne • gratuite • hebdomadaire
> • hyper-connecté • ~~journal~~ • lectrice • magazine
> • mensuel • national • ordinateur • quotidien
> • télévisé • version papier

*Exemple : Pour s'informer, on peut lire un **journal**.*

1 Un .... paraît toutes les semaines ou tous les mois.

2 Un ...., c'est un journal qui paraît tous les jours.

3 Un magazine qui paraît toutes les semaines, c'est un ....

4 Si le magazine paraît tous les mois, on appelle ça un ....

5 Le lecteur ou la ...., c'est la personne qui lit la presse.

6 Si on achète son journal ou son magazine, on parle de presse payante. Si on ne paie rien, on parle de presse ....

7 Un journal qui publie sur un site web s'appelle un journal ....

8 Pour les lecteurs sur le web, pas besoin de papier, mais il faut un smartphone, une tablette ou simplement un ....

Savez-vous parler de statistiques ? Faites correspondre les pourcentages avec le mot ou l'expression de l'encadré qui convient le mieux. Chaque expression ne peut être utilisée qu'une seule fois.

> • ~~cinq pour cent~~ • environ la moitié • environ le quart
> • environ un sur six • la majorité • la moitié
> • le quart • le tiers • le total • les deux tiers
> • les trois quarts • un sur cinq

Exemple : 5 % = cinq pour cent

1 17 % =...................................

2 20 % =...................................

3 23 % =...................................

4 25 % =...................................

5 33 % =...................................

6 48 % =...................................

7 50 % =...................................

8 66 % =...................................

9 70 % =...................................

10 75 % =...................................

11 100 % =...................................

2/3

1 Complétez le tableau soit avec l'adjectif, soit avec l'adverbe de manière correspondant en *-ment*.

Adjectif	Adverbe
Exemple : difficile	**difficilement**
efficace	
facile	
	franchement
	fréquemment
	généralement
gratuit	
	habituellement
normal	
principal	
	quotidiennement
rapide	
récent	
	seulement
	uniquement
vrai	

2 Choisissez deux adjectifs ou adverbes dans l'encadré ci-dessus. Inventez quatre phrases, deux avec les adjectifs et deux avec les adverbes correspondants.

*Exemple : Je préfère les journaux qui sont **rapides** à lire. Je lis les journaux **rapidement**.*

....

....

....

....

....

....

2/4

Entourez l'adjectif démonstratif qui convient le mieux. Attention : est-ce que le nom qui suit est masculin, féminin, singulier, pluriel ? Est-ce qu'il commence par une voyelle ?

Exemple : Je ne lis jamais (**ces**) / **cette** / **ce** *journaux.*

1 **Ce / Cet / Cette** éditeur est bien connu.

2 Êtes-vous d'accord avec **ce / cette / ces** opinions ?

3 **Cet / Cette / Ce** publication est très récente.

4 **Ce / Cet / Ces** quotidien existe aussi en ligne.

5 Je trouve **cette / cet / ce** abonnement trop cher.

6 J'aime beaucoup **cet / ce / cette** affiche.

7 Tu préfères **ce / cette / ces** magazine ?

8 Qui publie **cet / ce / ces** titres ?

9 Elle lit souvent **cette / cet / ces** hebdomadaire.

2/5

Écrivez des phrases avec un adverbe au comparatif pour comparer la situation cette année avec la situation l'an dernier.

+   plus... que

−   moins... que

=   aussi... que

> Attention aux comparatifs irréguliers !

Exemple : Les réseaux virtuels évoluent rapidement cette année. **+**

*Les réseaux virtuels évoluent **plus rapidement que l'an dernier**.*

1 Je connais bien mon identité numérique cette année. **+**

....

2 Elle ne lit pas fréquemment le journal cette année. **−**

....

3 Il contacte sa famille facilement cette année. **=**

....

4 Je ne regarde pas souvent la télévision cette année. **−**

....

5 On se connecte vite à Internet cette année. **+**

....

6 Les ados restent longtemps en ligne. **=**

....

2/6

Remplissez les blancs avec les adverbes de lieu de l'encadré qui conviennent le mieux.
Chaque adverbe ne peut être utilisé qu'une seule fois.

> Karima cherche un emploi de journaliste *partout* à Paris, mais elle n'en trouve [1] ....
> Elle décide de chercher [2] .... et elle trouve un emploi à Nouméa, en Nouvelle-
> Calédonie, pour le quotidien *Les Nouvelles calédoniennes*. « Nouméa, c'est [3] .... ! »
> dit sa mère. « Tu ne peux pas trouver un emploi plus [4] .... ? Un emploi
> [5] .... , à Paris ? Ou [6] .... en France ? » « Non, Maman, j'ai décidé,
> c'est Nouméa. Mais ne t'inquiète pas, je ne pars pas avant septembre. Et ensuite, tu viens me voir
> [7] .... , à Nouméa. C'est beau, la Nouvelle-Calédonie ! »

- ailleurs • ici
- là-bas • loin
- nulle part
- ~~partout~~ • près
- quelque part

2/7

1 Mettez ces phrases à la voix passive. N'oubliez pas que le participe passé du verbe s'accorde avec le sujet du verbe (il prend la marque du féminin et du pluriel si nécessaire).

Exemple : Des journalistes spécialisés écrivent ces articles.

Ces articles sont écri**ts** par des journalistes spécialisés.

1 Le directeur de la publication choisit le sujet.

....

2 Les 18–25 ans visitent ce site.

....

3 La qualité du site impressionne la présidente.

....

4 Les téléspectateurs éliminent les candidats.

....

5 Les journaux n'utilisent pas ces sources d'information.

....

6 L'organisateur envoie des photos au magazine.

....

7 Beaucoup de jeunes regardent les émissions de télé-réalité.

....

8 Le groupe *Ouest-France* publie ce magazine tous les mois.

2 Mettez ces phrases à la voix active.

Exemple: Beaucoup d'émissions de télé-réalité sont diffusées par cette chaîne.

Cette chaîne **diffuse** *beaucoup d'émissions de télé-réalité.*

1 L'émission *Les Chefs* est retransmise par la chaîne ICI.

....

2 De l'argent est recueilli par les Restos du Cœur.

....

3 Des actions contre la pauvreté sont organisées par l'association.

....

4 Dans *Retour au pensionnat*, l'examen est réussi par peu de candidats.

....

5 Dans *Occupation double*, une maison est partagée par les hommes.

....

6 Dans *L'Amour est dans le pré*, une femme est invitée par chaque agriculteur.

....

7 Des cadeaux sont gagnés par tous les participants.

....

Rappel grammaire
Le superlatif des adjectifs

> **Rappel**
>
> On forme le superlatif avec *le / la / les* + *plus / moins* + adjectif.
>
> Si l'adjectif est placé après le nom, on répète l'article.
>
> Le complément est introduit par *de*.

1 Pour chaque phrase avec un adjectif au superlatif :

- choisissez et recopiez le mot qui manque
- entourez l'adjectif au superlatif.

1 Paris est .... plus grande ville de France. [*le / la*]

2 Wikipedia est le site Internet le .... connu. [*plus / moins*]

3 Montréal est la ville .... plus célèbre du Québec. [*la / de la*]

4 .... lecteurs les plus jeunes préfèrent les BD. [*des / les*]

5 Facebook est le réseau social le plus important .... monde. [*du / dans le*]

6 Les .... connectés sont les personnes de plus de 65 ans. [*plus / moins*]

7 Djibouti est le pays francophone le moins peuplé .... Afrique. [*en / d'*]

8 Le support numérique .... moins cher, c'est la tablette. [*le / la*]

9 La télévision n'est pas la .... façon de s'informer. [*plus bonne / meilleure*]

2 Sur une feuille, faites des phrases avec des adjectifs au superlatif. Utilisez vos connaissances générales pour donner une réponse logique. N'oubliez pas d'accorder les adjectifs.

Exemple : Les lecteurs préfèrent les magazines… [amusant]

Les lecteurs préfèrent les magazines les plus amusants.

1 *Le Monde* est le quotidien… [*connu*] [*la France*]

2 Le Vatican est… [*petit*] [*le pays*] [*le monde*]

3 Les informations… [*sérieux*] [*ne viennent pas d'Internet*]

4 Les nouvelles… [*important*] [*sont rarement en première page*]

5 On trouve les nouvelles… [*récent*] [*sur Twitter*]

6 Mark Zuckerberg est le chef d'entreprise… [*célèbre*] [*l'Amérique*]

7 Les quotidiens régionaux sont… [*cher*]

8 On n'achète pas les journaux… [*intéressant*]

9 La radio est… [*bonne*] [*la source d'information*]

Les pronoms démonstratifs neutres

3 Écrivez les pronoms démonstratifs neutres (*c', ce, ceci, cela, ça*) dans la case appropriée. Attention : les pronoms peuvent aller dans plus d'une case.

employé habituellement avec le verbe *être*	....
reprend l'idée précédente	....
présente une idée ou une situation	....
annonce ce qu'on va dire	....
employé seulement dans la langue parlée ou familière	....
employé seulement dans la langue formelle	....

4 Complétez les phrases avec *c', ce, ceci, cela* ou *ça*.

1 Construire un site web, ... n'est pas difficile.

2 Pensez à .... : où publiez-vous vos coordonnées ?

3 Salut Vincent ! .... va ?

4 Un abonnement quotidien, ... coûte cher.

5 .... est important de choisir un bon journal.

6 Ne lis pas cet article, ... n'est pas intéressant.

7 Poster des selfies sur les réseaux sociaux, ... m'amuse.

8 Pour vous informer, essayez .... : un journal en ligne.

5 Écrivez des phrases personnelles contenant le pronom indiqué.

c'

....

ce

....

ceci

....

cela

....

ça

....

3/1

1 Regardez le tableau de comparaison des rythmes scolaires dans certains pays européens. Complétez les phrases (A–F) avec : *plus (de), moins (de), aussi* ou *autant (de / que)*.

*Exemple : Il y a **plus de** jours de lycée par an en Allemagne qu'en Italie.*

	jours de lycée par an	jours de lycée par semaine	semaines de vacances d'été
France	180	4,5	9
Allemagne	208	5,5	6
Finlande	190	5	10,5
Royaume-Uni	190	5	6
Italie	200	5,5	12 ou 13
votre pays			

A En France, on est .... souvent au lycée que dans les autres pays.

B Il y a .... jours de lycée par an en Finlande qu'au Royaume-Uni.

C La semaine est .... longue en Finlande qu'au Royaume-Uni.

D On va au lycée .... jours par semaine en Allemagne qu'en Italie.

E Les lycées britanniques ont .... vacances que les lycées allemands.

F Les Italiens ont beaucoup .... vacances en été que les autres.

2 Complétez la dernière rangée de la grille pour votre pays. Puis, écrivez des phrases à trous pour votre partenaire.

Exemple : Dans notre pays, il y a .... vacances qu'en France.

3/2

1 Complétez la grille de mots avec les formes de l'auxiliaire *être* au subjonctif. Une lettre a été ajoutée pour vous aider !

2 Complétez les phrases suivantes avec la forme au subjonctif de l'auxiliaire *être* qui convient.

1 Crois-tu que ce .... une bonne idée d'avoir de longues vacances en été ?

2 Je ne suis pas sûr que les élèves .... contents d'avoir moins de jours de vacances.

3 Les profs ne sont pas sûrs que vous .... toujours attentifs.

4 Je ne pense pas que tu .... très efficace après huit heures de cours.

5 Mes parents ne sont pas persuadés que je .... assez bon pour réussir le bac.

6 Les profs et les parents ne croient pas que nous .... stressés.

1 Lisez le texte « Le lycée autogéré : le système scolaire idéal ? » et complétez-le avec des mots choisis parmi ceux dans l'encadré.

Exemple : 1 proviseur

> • amitié • autodiscipline • connaissances
> • cours • élèves • note • professeurs
> • ~~proviseur~~ • récréation • secrétaires

Le lycée autogéré : le système scolaire idéal ?

Au LAP (lycée autogéré de Paris), il n'y pas de [1] .... , juste 25 [2] .... et 250 [3] .... Ici, tout le monde se dit « tu », toutes les décisions sont votées par tous.

Les [4] .... ne sont pas obligatoires. Chaque élève organise son emploi du temps comme il veut pour faire les matières qui l'intéressent. Si on ne va pas en cours, on n'est pas puni.

On n'a aucune [5] .... , sauf dans les examens officiels. Les élèves s'évaluent eux-mêmes avec un livret de scolarité que les professeurs vérifient. Un élève dit : « Ainsi, on ne se concentre pas sur les notes mais sur les [6] .... ». Par contre, si on a cette liberté, il faut aussi une grande responsabilité et de l'[7] .... de la part des élèves. Si seulement 30 % des « Lapiens » ont leur bac, beaucoup d'entre eux ne seraient pas au lycée du tout s'ils n'étaient pas au LAP. Alors, l'autogestion, c'est l'idéal ?

2 Complétez les phrases (**A–H**) avec l'une des expressions de l'encadré pour donner votre propre opinion. Utilisez toutes les expressions. (Attention : indicatif ou subjonctif ?)

Exemple : .... *une bonne idée d'aller au LAP.*

Je pense que c'est *une bonne idée d'aller au LAP.*

ou :

Je ne pense pas que ce soit *une bonne idée d'aller au LAP.*

> • Je pense que • Je trouve que • Je suis persuadé(e) que
> • Je ne pense pas que • Je ne crois pas que
> • Je ne suis pas sûr(e) que

A ....
l'idéal de ne pas avoir de proviseur.

B ....
bien de dire « tu » aux profs.

C ....
possible d'avoir une relation d'égalité entre les profs et les élèves.

D ....
une bonne idée d'avoir des cours facultatifs.

E ....
génial pour les élèves de pouvoir faire ce qui les intéresse vraiment.

F ....
ne pas avoir de notes .... bénéfique.

G ....
que les élèves .... plus responsables quand ils ne sont pas obligés de faire quelque chose.

H ....
positif que les élèves du LAP passent l'examen du bac.

3 En classe, comparez votre opinion avec celle de votre partenaire. Discutez.

Exemple :

Élève A : Moi, je ne crois pas qu'un lycée autogéré soit une bonne chose. C'est trop idéaliste.

Élève B : Je ne suis pas d'accord. Moi, je suis persuadée que c'est une bonne idée parce que...

3/4

1 Regardez les grilles sur les différentes façons de parler de l'avenir et d'exprimer des souhaits pour l'avenir : complétez-les avec des exemples personnels.

Exemple : 1 L'année prochaine, je fais une année de césure.

1 un verbe au présent	
2 un verbe au futur immédiat	
3 un verbe au futur simple	
4 *si* + présent + futur	

5 *si* + imparfait + conditionnel	
6 un verbe au conditionnel *je voudrais / j'aimerais / il faudrait* + infinitif	

7 un verbe ou une expression + infinitif
 	
    compter / espérer / vouloir + infinitif
 	
    avoir l'intention / avoir envie / rêver + *de* + infinitif	

2 « Allez-vous faire une année de césure ? Pourquoi ? »

Écrivez un paragraphe pour répondre à la question. Utilisez des verbes au futur immédiat et des expressions de souhait.

Exemple : L'année prochaine, je ne vais pas faire une année de césure parce que je vais aller à l'université aux États-Unis. Je vais étudier l'anglais et j'ai aussi envie de...

....

....

....

....

....

....

....

....

Rappel grammaire

Les verbes réguliers au futur et au conditionnel

> **Rappel**
>
> **Infinitif en *-er* et *-ir* + terminaison**
>
> Le futur simple   arriver + ai / as / a / ons / ez / ont
>
>   sortir + ai / as / a / ons / ez / ont
>
> Le conditionnel   arriver + ais / ais / ait / ions / iez / aient
>
>   sortir + ais / ais / ait / ions / iez / aient
>
> **Infinitif en *-re* ➝ *-r~~e~~* + terminaison**
>
> Le futur simple   prendre ➝ prendr + ai / as / a / ons / ez / ont
>
> Le conditionnel   prendre ➝ prendr + ais / ais / ait / ions / iez / aient

1   Complétez les phrases suivantes avec la forme du verbe au futur ou au conditionnel.

L'année prochaine,…

1   … s'il peut, il .... [*partir*] vivre à l'étranger.

2   … si elle pouvait, elle .... [*prendre*] des vacances.

3   … si c'était possible, tu .... [*rester*] dans la région?

4   … si je réussis mes examens, je .... [*commencer*] des études de médecine.

5   … si nous pouvons, nous .... [*choisir*] une université à l'étranger.

6   … si vous aviez assez d'argent, vous .... [*partir*] faire un tour du monde pendant un an?

7   … s'ils travaillent comme ils le font, ils .... [*réussir*] leurs examens.

8   … si elles étaient moins anxieuses, elles .... [*étudier*] sans doute plus facilement.

9   … si j'avais plus de temps, je .... [*prendre*] des cours de guitare parce que la musique, ça me détend.

10   … si on a le temps, on .... [*travailler*] pendant les vacances scolaires pour avoir un peu plus d'argent.

Les verbes irréguliers au futur et au conditionnel

2   Retrouvez dans l'encadré le radical au futur / conditionnel pour chacun des verbes ci-dessous.

> • verr- • viendr- • voudr- • aur-
> • ir- • devr- • pourr- • ser-
> • faudr- • saur- • fer- • pleuvr-

aller   ....

avoir   ....

devoir   ....

être   ....

faire   ....

falloir   ....

pleuvoir   ....

pouvoir   ....

savoir   ....

venir   ....

voir   ....

vouloir   ....

3   Choisissez un des verbes ci-dessus et imaginez une fin de phrase.

1   Si je pouvais, ...

    ....

2   Quand j'aurai le temps,

    ....

    ....

3   Si on avait assez d'argent, ...

    ....

    ....

4   Si nous n'avons pas trop de travail, ...

    ....

    ....

Révisions de grammaire : Chapitres 1, 2 et 3

Livre de l'élève

le passé composé → Chapitre 1, section B

la voix passive → Chapitre 2, section E

le subjonctif → Chapitre 3, section D

parler du futur → Chapitre 3, section F

1 Présent de la voix passive (P-VP) ou passé composé de la voix active (PC-VA) ? Soulignez le verbe et annotez-le.

Exemple : En juillet, je suis parti en vacances. PC-VA

1 Le Viêt-nam est devenu une destination touristique.

2 La vieille ville est explorée par les touristes.

3 Nous sommes montés au sommet de la tour.

4 Ils ont admiré le paysage.

5 Es-tu descendue à la plage ?

6 Ils sont aidés par la population locale.

2 Conjuguez les verbes entre parenthèses. N'oubliez pas l'accord du participe passé.

Passé composé de la voix active

1 Le journal [*publier*] .... la photo hier.

2 Elle [*aller*] ....
une fois sur un réseau social.

3 Ils [*adorer*] .... cette émission.

Présent de la voix passive

4 Beaucoup d'articles [*lire*] ....
sur un support numérique.

5 Il [*inviter*] .... à participer à l'émission.

6 Les goûts des jeunes [*connaître*] ....
des publicitaires.

3 Reliez les débuts aux fins de phrases, comme dans l'exemple. Attention aux temps utilisés.

1 [B] Je ne crois pas…

2 [ ] Je regarde toujours les infos à la télé car j'ai très envie…

3 [ ] Mon prof de français est absolument certain…

4 [ ] Je partirais voyager autour du monde pendant un an…

5 [ ] Ne pensez-vous pas…

6 [ ] Je pense vraiment…

7 [ ] Je ferai une formation de comptable en alternance…

8 [ ] J'aurais plus de temps pour lire et écouter la radio…

A si je trouve une entreprise qui veut bien m'employer.

B *que je sois assez bonne en sciences pour devenir vétérinaire.*

C si mes parents étaient d'accord, mais ils sont contre cette idée.

D de faire des études de politique ou de journalisme.

E si j'allais moins souvent sur les réseaux sociaux !

F que faire un apprentissage soit une bonne chose ?

G que je suis assez bon dans cette matière pour bien réussir à l'examen.

H qu'Internet est le moyen idéal pour s'informer.

Faites vos preuves !

1 Lisez cet article paru dans la section *Médias* du magazine d'un lycée.

Regardez la grille *Points de grammaire*. Trouvez et surlignez dans l'article au moins 10 de ces points.

Exemples : vraiment – adverbe de manière en -ment ; en effet – connecteur logique

S'informer à Neuville

Les habitants de Neuville ont vraiment de la chance. En effet, on peut acheter un quotidien et un hebdomadaire locaux. Il y avait autrefois trois quotidiens mais deux ont disparu récemment. Le *Courrier de Neuville*, par exemple, avait créé un site web en parallèle, *Neuville Net,* mais cela coûtait trop cher et ce journal n'existe plus.

Maintenant, la station de radio, *Radio Neuville*, est dirigée par un ancien journaliste du *Courrier de Neuville*. Il a également l'intention de créer une émission de musique avec des musiciens de la région.

Ceci aussi est surprenant : *Télé Neuville* est la plus petite chaîne de télévision du pays. Cette mini-station réalise une ou deux émissions par mois et elle les diffuse sur YouTube. On dit que les jeunes ne s'intéressent pas à la vie locale, mais je ne crois pas que ce soit vrai. Les jeunes regardent moins souvent la télévision qu'avant mais ici, ils aiment beaucoup *Télé Neuville*. Cette station continuera à avoir du succès, j'en suis sûr.

Alors écoutez, regardez et soutenez la presse locale ! Et moi, j'espère devenir journaliste un jour…

Saed Alawi
17 août 2019

2 Océane aussi a écrit un article dans le magazine de son lycée. Complétez son texte « S'informer à Bellevue » avec les mots de l'encadré.

● ailleurs ● aimaient ● avait (2) ● Ce ● cela
● certainement ● exactement ● faire ● ferai
● fermé ● ici ● lisez ● Malheureusement ● meilleure
● ont ● plus ● publiait ● qu' ● soit ● sont ● voudrais

S'informer à Bellevue

À Bellevue, la source d'information la [1] .... utilisée, je ne pense pas que ce [2] .... le journal le *Courrier de Bellevue*. C'est un réseau social virtuel ou, plus [3] ...., un site web local qui s'appelle *Bellevue Net*. S'il y a un problème ou un événement [4] .... dans la ville, ce site est [5] .... la [6] .... source d'information. Autrefois, il y [7] .... aussi un autre quotidien local, le *Journal de Bellevue*, qui [8] .... de bons articles. [9] .... journal [10] .... refusé de mettre de la publicité parce que les lecteurs n' [11] .... pas [12] .... [13] ...., le journal a donc perdu beaucoup d'argent et a rapidement [14] .... Toutefois, les journalistes [15] .... retrouvé du travail et [16] .... maintenant employés [17] .... Maintenant, les informations circulent plus rapidement [18] .... autrefois mais l'information locale reste importante. Alors, allez sur le site *Bellevue Net* et [19] .... les informations locales, même s'il y a de la publicité. Personnellement, je [20] .... travailler pour une chaîne de télévision plus tard et donc je compte [21] .... des études d'audiovisuel. Si j'ai mon bac, je [22] .... peut-être un stage à l'étranger.

Océane Le Gall
18 août 2019

3 Sur une feuille, écrivez un article sur les sources d'information locales dans votre ville ou votre région et marquez un point à chaque fois que vous utilisez un point de grammaire de la liste.

Points de grammaire	Utilisé ? ✔
l'imparfait	
le passé composé	
les connecteurs logiques (illustrer, amplifier)	
l'impératif	
le plus-que-parfait	
les adverbes de manière en -*ment*	
le superlatif des adjectifs	
les adjectifs démonstratifs	
les pronoms démonstratifs neutres	
le comparatif des adverbes	
les adverbes de lieu	
la voix passive	
le subjonctif	
une expression pour parler du futur	

Chapitres 1, 2 et 3 : mon bilan

● Mes nouvelles compétences

....

....

....

● Ce que j'ai envie de développer

....

....

....

4/1

Entourez l'adjectif indéfini qui convient dans chaque phrase.

Exemple : Je ne lis pas (n'importe quel) / aucun livre : je lis uniquement des romans policiers.

1 Mon grand-père n'achetait **certain / aucun** livre : il en empruntait à la bibliothèque.

2 Quand j'aime un livre, j'essaie de lire les **autres / mêmes** livres de cet auteur.

3 Je n'ai pas encore lu **tous les / les mêmes** livres de la série des Harry Potter.

4 **Certaines / Aucune** bandes dessinées sont de vraies œuvres d'art mais pas toutes.

5 J'aime **plusieurs / mêmes** genres de livres, mais mon genre préféré, c'est le roman historique.

4/2

Voici des extraits de deux critiques du film français *Le Fabuleux Destin d'Amélie Poulain* (2001).

1 Notez le numéro des phrases pour compléter la critique A (positive) et la critique B (négative).

2 Dans quel ordre mettre ces extraits pour chaque critique ?

A	B
4,	2,

1 Elle est en effet amusante et émouvante à la fois. Les personnages secondaires sont tous plus insolites les uns que les autres, mais aussi très attachants.

2 À vrai dire, je ne sais pas très bien de quoi il s'agit dans le film de J.P. Jeunet, *Le Fabuleux Destin d'Amélie Poulain.*

3 Alors, mon conseil : c'est un film à éviter si vous ne voulez pas vous ennuyer !

4 Il est difficile de résumer *Le Fabuleux Destin d'Amélie Poulain*, mais c'est une magnifique comédie romantique.

5 Le personnage d'Amélie intervient dans la vie des autres pour les rendre heureux mais ce qui se passe est trop étrange pour être passionnant.

6 Il n'y a pas vraiment d'histoire : il y a quelques moments amusants, mais dans l'ensemble, il n'y a pas vraiment de suspense.

7 Ce qui est passionnant dans ce film, c'est de suivre les aventures du personnage principal, Amélie, joué superbement par Audrey Tautou.

8 Cette œuvre du réalisateur Jean-Pierre Jeunet est donc très originale : elle nous fait rêver en nous montrant la vie de tous les jours différemment.

9 C'est un film à voir et à revoir !

10 En effet, tous les personnages sont bizarres et il est difficile de vraiment s'intéresser à eux.

4/3

Complétez les phrases en utilisant un pronom personnel COD : *le, l', la, les.*

Attention à l'accord du participe passé dans les phrases 4–6 !

1 Moi, je trouve l'actrice Audrey Tautou excellente. Comment tu .... trouves, toi ?

2 Ma sœur a vu le dernier film d'Audrey Tautou. Moi, je .... vois bientôt.

3 J'aime beaucoup les personnages dans le film *Le Fabuleux Destin d'Amélie Poulain*. Est-ce que toi aussi tu .... aimes bien ?

4 Comment as-tu trouvé le personnage d'Amélie ? Moi, je ...... ai trouvé.... attachant.

5 J'ai beaucoup aimé sa personnalité. Et toi, tu ...... as bien aimé.... aussi ?

6 Je suis fan d'Audrey Tautou mais je n'ai pas vu ses derniers films. Et toi, tu .... as vu.... ?

4/4

Entourez le bon pronom personnel dans ces phrases d'un texte sur le film *Les Quatre Cents Coups*, de François Truffaut.

1 Le réalisateur François Truffaut est célèbre, et c'est grâce au film *Les Quatre Cents Coups* que le grand public **lui / l' / la** a connu.

2 L'acteur Jean-Pierre Léaud a 14 ans quand le réalisateur François Truffaut **lui / le / l'** découvre pendant une audition pour *Les Quatre Cents Coups.*

3 Truffaut décide tout de suite de **le / l' / lui** donner le rôle principal d'Antoine Doisnel.

4 Dans l'histoire, les parents d'Antoine ne **l' / lui / le** aiment pas assez et pourtant, au début, Antoine essaie de **lui / les / leur** plaire.

5 Les relations d'Antoine avec sa mère deviennent très difficiles, surtout quand il **l' / la / lui** voit dans la rue en train d'embrasser un homme.

6 À la fin, les parents d'Antoine **le / l' / la** abandonnent dans un centre pour enfants difficiles et il ne **les / leur / lui** reverra plus.

4/5

Remplacez les mots soulignés dans les phrases avec les pronoms personnels suivants : *la, lui, leur, y, en.*

1 J'aime bien <u>le théâtre</u> et pourtant, je n'........ vais pas très souvent.

2 Les stars du cinéma gagnent beaucoup <u>d'argent</u> mais les intermittents du spectacle, eux, n'........ gagnent pas beaucoup.

3 Où voir la pièce de Molière <u>L'Avare</u> ? On .... joue à la Comédie-Française le mois prochain.

4 <u>Beaucoup de jeunes acteurs</u> n'aiment pas les auditions, elles .... font vraiment peur.

5 <u>Camille Rutherford</u> se souvient de son instituteur parce qu'il .... a communiqué son amour du théâtre.

4/6

Réécrivez les phrases *en italiques* en utilisant des pronoms personnels COI (*lui, leur*), COD (*le, l', la, les*) et *y* et *en.* Attention à la position des pronoms dans la phrase !

Exemple : Ses élèves connaissent Le Fabuleux Destin d'Amélie Poulain. Elle a déjà montré <u>ce film</u> <u>à ses élèves</u>.

Elle le leur a déjà montré.

1 Mon père ne connait pas le dernier film de Luc Besson.

J'ai recommandé <u>ce film</u> <u>à mon père</u> parce qu'il est excellent.

....

2 Ma mère adore l'affiche du film *Le Kid* de Charlie Chaplin.

Alors à Noël, j'offre <u>l'affiche</u> <u>à ma mère</u>.

....

3 Les jeunes acteurs apprennent beaucoup sur le théâtre avec ce metteur en scène.

Il parle <u>de théâtre</u> <u>aux jeunes acteurs</u> avec passion.

....

4 La mère de Camille Rutherford a fait aimer le théâtre à ses deux filles.

Elle emmenait régulièrement <u>ses filles</u> <u>au théâtre</u>.

....

Relisez le texte du chapitre 4, section F. Chacun des mots suivants se rapporte à quelqu'un ou à quelque chose du texte. Dans l'espace prévu, indiquez à qui ou à quoi chaque mot se rapporte.

Dans l'expression...	le mot...	se rapporte à...
Exemple : Abibata on s'<u>en</u> sert aussi dans la vie courante (ligne 7)	« en »	*les objets (les paniers, les tissus, les poteries, les sacs)*
1 Amadou On <u>leur</u> doit beaucoup de respect. (ligne 3)	« leur »	
2 Amadou <u>la</u> rendre plus moderne (ligne 16)	« la »	
3 Patrice je ne <u>les</u> considère pas essentielles (ligne 6)	« les »	
4 Patrice pour <u>y</u> développer des écoles et des hôpitaux (ligne 11)	« y »	

Rappel grammaire

Les adjectifs indéfinis

1 Complétez la grille avec les adjectifs indéfinis ci-dessous et ajoutez une traduction dans la langue d'instruction de votre lycée.

> • aucun(e) • autre(s) • certain(e)s • chaque • différent(e)s
> • même(s) • n'importe quel(le)(s) • plusieurs • quelques
> • tout / toute / tous / toutes

Signification	Adjectif	Traduction
quantité : 0 %		
quantité : x %		
quantité : 100 %		
identique : =		
différent : ≠		

2 Remplacez chaque blanc par la forme correcte de l'adjectif indéfini qui convient le mieux.

1 [*100 %*] .... Français a lu au moins un album de BD dans sa vie.

2 Par exemple, les personnes qui n'ont lu [*0 %*] .... album d'Astérix sont rares.

3 Dans [*x %*] .... cas, ils ont même la collection entière des albums de leur auteur préféré.

4 Le Festival de la Bande Dessinée d'Angoulême fait connaître [*100 %*] .... année [*x %*] .... jeunes auteurs de BD venus du monde entier.

5 [*x %*] .... auteurs deviennent très célèbres après leur passage au festival.

6 Le festival ne présente pas les [=] .... thèmes tous les ans.

7 Connaissez-vous [≠] d'............................ festivals de BD dans le monde ?

Le complément d'objet direct (COD) et indirect (COI)

3 Complétez le tableau avec les pronoms ci-dessous dans l'ordre.

> • en • je • il / elle / on • ils / elles • la • le • les • leur • lui
> • me • nous • nous • se • se • te • tu
> • vous • vous • y

Sujet		Réflexif	Complément				
je		me	le				
	ne					Verbe	pas

4 Répondez aux questions suivantes en utilisant des pronoms pour remplacer les mots soulignés.

Exemple : Regardez-vous souvent la télévision ?

Oui, je la regarde assez souvent. / Non, je ne la regarde pas très souvent.

1 Voyez-vous souvent des films français au cinéma ?

....

2 Selon vous, vos parents lisaient-ils assez de livres à vos frères et sœurs et vous ?

....

3 Lisez-vous beaucoup de critiques avant d'aller voir un film ?

....

4 Avez-vous consulté les avis des lecteurs avant d'acheter ce livre ?

....

5 Trouvez-vous les interviews intéressantes dans ce magazine ?

....

6 Écrivez-vous des critiques dans le magazine du lycée ?

....

5 Au travail

Quelles sont les qualités nécessaires pour les jobs suivants ? Complétez les phrases suivantes pour donner votre point de vue. Utilisez les mots de l'encadré ou vos propres idées. Ne mentionnez chaque qualité qu'une seule fois !

Exemple : Pour être animateur ou animatrice dans un club de plage pour enfants, il faut être enthousiaste, patient... et il faut aimer...

- aimer le contact avec le public • aimer les enfants
- aimer les animaux • aimer le travail en plein air
- bien organisé(e) • curieux/euse • dynamique
- enthousiaste • fort(e) en sciences • intelligent(e)
- motivé(e) • patient(e) • sociable • sérieux/euse
- responsable • sportif/ive

1 Pour être animateur / animatrice dans un club de plage pour enfants, il faut ....

....

2 Un journaliste doit être ....

....

....

3 Si vous voulez être moniteur de ski, vous devez ....

....

....

4 Pour être assistant(e) chez un vétérinaire, il faut ....

....

....

Complétez chaque texte avec les mots de l'encadré. Attention aux temps des verbes !

- c'était • j'ai fait • je fais • je suis
- je travaille • je vais chercher

Daniel, Martinique

Moi, ... tous les samedis dans un petit café. ....

serveur et .... aussi la vaisselle de temps en temps. L'année dernière, ... un stage dans l'office du tourisme. Ce n'était pas un boulot payé, mais .... assez intéressant. L'année prochaine, ... un emploi à l'étranger.

- c'est • c'était • j'ai décidé • j'ai travaillé
- je veux • préparera • vais faire • vais travailler

Claire, Monaco

Je .... pendant l'été prochain avant d'aller à l'université. Je .... un stage dans un hôpital parce que ça me .... à un emploi dans la médecine. .... il y a longtemps que .... ce que .... faire. J'ai déjà l'expérience du monde du travail parce que l'année dernière, ... dans un salon de coiffure. .... un boulot vraiment fatigant !

5/3

1 Recopiez les phrases suivantes en remplaçant les expressions en caractères gras par une expression avec *avoir*.

Exemple : Il me faut trouver un emploi.
J'ai besoin de trouver un emploi.

1 **J'ai l'autorisation de** prendre une pause de 15 minutes.

....

2 **Tu veux** être professeur ?

....

3 Mes professeurs **ne sont pas patients**.

....

4 **Il me semble** que c'est un métier intéressant.

....

5 **Il vous faut** l'adresse de l'entreprise ?

....

6 **Il vous est possible de** travailler à mi-temps.

....

> avoir +
> besoin de
> de la chance
> le droit de
> envie de
> l'impression
> mal à
> l'occasion de
> de la patience
> la possibilité de
> le temps de

2 Choisissez huit expressions avec *avoir* et inventez une phrase pour chacune.

Exemples :

avoir besoin de : Vous avez besoin de mon numéro de téléphone ?

avoir le temps de : Il est très occupé alors il n'a pas eu le temps de lire mon CV.

....

....

....

....

....

....

....

....

5/4

Rédigez votre CV.

Nom, Prénom : ....

Adresse : ....

Tél : ....

E-mail : ....

....

Né(e) le : ....

Âge : ....

Nationalité : ....

Formation : ....

....

....

....

Langues et informatique : ....

....

....

Stages et projets : ....

....

....

....

Loisirs : ....

....

....

....

Choisissez la réponse la plus appropriée parmi les options suivantes. Basez votre réponse sur la lettre d'Antoine, section C du chapitre 5.

1 Le 29 mai, Antoine : ☐

   A   a parlé avec Monsieur Dalstein au téléphone

   B   a eu un entretien au bureau de Monsieur Dalstein

   C   a écrit un e-mail à l'agence

   D   a écrit une lettre à l'agence

2 Pendant l'été, à l'agence, : ☐

   A   il n'est pas possible de faire un stage

   B   il n'y a pas beaucoup de travail

   C   il y a beaucoup de travail

   D   c'est fermé

3 Les loisirs d'Antoine sont surtout : ☐

   A   culturels

   B   musicaux

   C   technologiques

   D   sportifs

4 Antoine : ☐

   A   a eu plusieurs emplois

   B   n'a jamais travaillé

   C   a seulement travaillé dans un café

   D   a seulement fait un stage d'un mois

5 Plus tard, Antoine a l'intention de devenir : ☐

   A   assistant de service social

   B   brancardier

   C   médecin

   D   serveur

Lucie a envie de faire un stage dans une clinique vétérinaire. Complétez le texte de son entretien avec le vétérinaire en utilisant les mots de l'encadré.

> • l'anglais • clients • par conséquent • dynamique
> • l'équitation • langues • métiers • petit boulot • temps libre

– **Entrez, asseyez-vous.**

– Merci, monsieur.

– **Alors, Lucie Dupont… dix-huit ans… Quelles** .... **parlez-vous, Lucie ?**

– Ma langue maternelle, c'est le français, mais je parle aussi espagnol parce que mon père est d'origine espagnole et j'ai appris .... au collège pendant quatre ans.

– **Et qu'est-ce que vous faites pendant votre** .... **?**

– Je suis assez sportive – je joue dans une équipe de handball et fais aussi de ....

– **Quelles sont vos qualités ?**

– À mon avis, je suis .... et motivée. Je suis membre du centre de la jeunesse de ma ville.

– **Avez-vous déjà fait un stage ?**

– Non, je n'ai pas encore fait de stage, mais j'ai un .... le week-end dans une crêperie et ...., j'ai déjà une idée du monde du travail.

– **Qu'est-ce que cela vous a apporté ?**

– Je crois que je comprends mieux maintenant l'importance de la ponctualité… et du sourire quand on parle aux .... !

– **Pourquoi voulez-vous faire un stage chez nous ?**

– Plus tard, j'aimerais travailler avec les animaux et je crois que cette expérience me donnera une bonne idée des .... dans ce secteur.

Rappel grammaire

Les connecteurs logiques

1 Regardez les connecteurs dans le nuage et écrivez-les dans la bonne colonne.

> alors puisque
> en effet parce que car
> c'est pourquoi par conséquent
> donc

pour exprimer la cause	pour exprimer la conséquence

2 Reliez les débuts de phrases (1–8) aux fins de phrases (A–H) en faisant attention aux connecteurs.

1 [D] Je n'ai pas eu le boulot
2 [ ] Je vais postuler pour un job d'été,
3 [ ] J'ai dû bien réussir à mon entretien
4 [ ] Je n'ai pas assez d'expérience

5 [ ] J'ai fait un stage horrible ;
6 [ ] J'ai déjà fait plusieurs jobs d'été ;
7 [ ] J'ai adoré mon stage en entreprise
8 [ ] Je voudrais être médecin plus tard

A puisqu'on m'a dit que j'avais le boulot !
B alors je dois faire des stages pendant les vacances.
C donc je recherche des stages dans des hôpitaux.
D *parce que je n'avais pas assez d'expérience.*
E c'est pourquoi je dois préparer mon CV.
F en effet, les collègues n'étaient pas sympa.
G par conséquent, j'ai déjà une bonne expérience du monde du travail.
H car j'ai appris beaucoup de choses sur le monde du travail.

3 Imaginez une fin aux phrases suivantes :

1 Je pense que je suis la meilleure personne pour le job parce que…

....

2 J'ai fait plusieurs stages et par conséquent…

....

3 Plus tard, je voudrais travailler dans ce domaine et c'est pourquoi…

....

4 Transformez les phrases comme dans l'exemple.

Exemple :

Je n'ai pas eu le job <u>parce que</u> je n'avais pas assez d'expérience.

*[donc] Je n'avais pas assez d'expérience **donc** je n'ai pas eu le job.*

1 Les lycéens n'ont pas le temps d'avoir un petit boulot <u>parce qu'</u>ils ont trop de devoirs.

[par conséquent] ....

....

2 Les employeurs veulent des candidats avec de l'expérience et <u>c'est pourquoi</u> beaucoup de jeunes sont au chômage.

[puisque] ....

....

3 J'ai arrêté de faire du babysitting pour mes voisins <u>puisqu'</u>ils ne me payaient pas.

[alors] ....

....

4 Il n'y a pas d'accès pour les fauteuils roulants ; <u>par conséquent</u> je ne peux pas travailler ici.

[parce que] ....

....

5 Il faut faire des stages. <u>En effet</u>, les employeurs préfèrent quand on a un peu d'expérience.

[c'est pourquoi] ....

....

6 Il est trilingue <u>alors</u> il a une bonne chance de trouver un travail dans l'hôtellerie.

[car] ....

....

7 Je vais prendre un job d'été <u>car</u> j'aurai plus temps pendant les vacances.

[donc] ....

....

8 Elle a obtenu le poste, <u>donc</u> son handicap n'a pas été un problème pendant l'entretien d'embauche.

[en effet] ....

....

Révisions de grammaire : Chapitres 4 et 5

Livre de l'élève

les pronoms COD et COI → Chapitre 4, sections B et C

les temps des verbes → Chapitre 5, section A

1 Complétez les phrases A et B en remplaçant les mots soulignés par un pronom complément d'objet, comme dans l'exemple. Attention à la position du pronom !

Exemple : Est-ce que tu as vu le dernier film avec Camille Rutherford ?

A ✔ *Oui, je l'ai vu dimanche soir.*

B ✘ *Moi, non, je ne l'ai pas vu.*

Rappel

- Le pronom COD ou COI est placé avant l'auxiliaire :
  Je l'ai vu. Je ne l'ai pas vu.

- Il est placé devant l'infinitif avec *aller* + infinitif :
  Je vais le voir. Je ne vais pas le voir.

1 As-tu acheté le dernier album de BD d'Astérix et Obélix ?

 A ✔ Oui,..

 B ✘ Moi, non,..

2 As-tu dit à ton employeur que tu parlais trois langues ?

 A ✔ Oui,..

 B ✘ Moi, non,..

3 Tu avais écrit un e-mail à l'agence avant de téléphoner ?

 A ✔ Oui,..

 B ✘ Moi, non,..

4 Vas-tu envoyer ton CV pour postuler ?

 A ✔ Oui,..

 B ✘ Moi, non,..

5 Allez-vous demander des références aux professeurs ?

 A ✔ Oui,..

 B ✘ Moi, non,..

6 Est-ce que tu as souvent prêté des livres à tes amis ?

 A ✔ Oui,..

 B ✘ Moi, non,..

Faites vos preuves !

1 Lisez cet e-mail de Thibault qui, après avoir vu une annonce dans la presse, pose sa candidature pour le job de figurant* dans un film avec son acteur préféré.

* acteur / actrice avec un tout petit rôle

Regardez la grille *Points de grammaire*. Trouvez et surlignez dans le texte de Thibault au moins 10 des points de grammaire listés.

Exemples : voudrais – conditionnel présent ; ai – expression avec avoir

De :	Thibault Magnin
À :	Agence « Casting Pro »
Le :	11 avril
Sujet :	Annonce/figurant

Monsieur,

En réponse à l'annonce pour un figurant pour votre dernier film, je voudrais auditionner puisque je pense avoir le profil idéal. J'ai 17 ans, je suis grand et mince, blond avec les cheveux courts. Je connais bien Tom Cruise et je l'adore. Je n'ai raté aucun de ses films ! Mon rêve serait de tourner avec lui.

J'ai déjà joué dans de nombreuses pièces au collège et au lycée et par conséquent, j'ai de l'expérience. J'ai plusieurs clips vidéo de la dernière pièce et je peux donc vous en envoyer, si vous voulez en voir. Je pense avoir toutes les qualités nécessaires : j'apprends vite, je suis consciencieux, j'ai de la patience et ma diction est très claire : j'y avais beaucoup travaillé avant mon dernier rôle.

J'attends votre réponse et, je l'espère, une convocation à une audition.

Très cordialement,
Thibault Magnin

2 Simon a aussi envoyé un e-mail. Complétez son texte avec les mots de l'encadré (ces mots correspondent aux points de grammaire listés dans la grille).

> • ai • avais • ai été • besoin • suis (*ou* serais)
>
> • y • en • les • lui • vous • tous
>
> • donc (*ou* par conséquent *ou* c'est pourquoi)

Je réponds à votre annonce. Je
[1] .... très intéressé par le rôle
et j' [2] .... l'impression
d'[3] .... correspondre
parfaitement. En effet, je suis un garçon de
16 ans, brun aux yeux bleus. J'ai des lunettes
mais je n'[4] .... ai pas
[5] .... tout le temps.

J'[6] .... toujours
[6] .... un grand fan de Will Smith.
J'ai vu [7] .... ses films, je
[8] .... adore, et [9] ....
j'aimerais beaucoup participer à ce tournage.

J'ai de l'expérience puisque j'ai déjà tourné dans des
publicités pour l'agence Médiaclip. Je peux
[10] .... envoyer des références.

Avant Médiaclip, j' [11] .... fait un
stage aux studios Belleville grâce à mon oncle qui
est ingénieur du son. Je [12] ....
suis reconnaissant parce que j'ai appris beaucoup de
choses sur les métiers du cinéma.

J'attends votre réponse avec impatience.

Très cordialement,
Simon

3 Sur une feuille, écrivez un e-mail (70–150 mots) à l'agence pour poser votre candidature. Expliquez pourquoi vous correspondez au profil demandé.

(Marquez un point à chaque fois que vous utilisez un point de grammaire de la grille !)

Points de grammaire	Utilisé ? ✔
les adjectifs indéfinis	
les pronoms personnels COD	
les pronoms personnels COI	
le pronom *en*	
le pronom *y*	
la position des pronoms	
les temps des verbes : les temps simples présent, imparfait, futur simple, conditionnel présent	
les temps des verbes : les temps composés passé composé, plus-que-parfait, futur proche	
les expressions avec *avoir*	
les connecteurs logiques (conséquence)	

Chapitres 4 et 5 : mon bilan

• Mes nouvelles compétences

....

....

....

• Ce que j'ai envie de développer

....

....

....

6 Manger, bouger : vos choix

6/1

À l'aide de la liste de verbes suivante, remplissez chaque blanc avec le verbe qui convient le mieux. Chaque mot ne peut être utilisé qu'une fois.

*Exemple : Vous ne **devriez** pas aller à la piscine, vous avez des révisions à faire !*

> • ~~devriez~~ • devront • devait • peut • peux
> • pourra • pourrais • pouviez • veux
> • voudrez • voudrions • voulais

1 Quand j'étais petit, je .... devenir footballeur.

2 À l'école primaire, on n'avait pas le choix, tout le monde .... faire de la natation.

3 Au lycée, on a le choix, on .... choisir son sport.

4 Les gymnastes .... beaucoup s'entraîner pour rentrer dans l'équipe.

5 Dans quatre ans, cette jeune athlète .... participer aux Jeux Olympiques.

6 Vous .... combien de billets pour le match, deux ou trois ?

7 Je .... absolument que Manchester United gagne samedi prochain !

8 L'été prochain, nous .... voir une étape du Tour de France.

9 Je ne .... pas participer au marathon parce que les coureurs doivent avoir au moins 18 ans.

10 Je ne .... jamais faire de triathlon, c'est beaucoup trop dur.

11 Quand vous habitiez dans les Alpes, est-ce que vous .... faire du ski tous les week-ends ?

6/2

1 Écrivez des phrases sur les activités en utilisant *jouer à* ou *faire de*.

	masculin	féminin
pour les sports à deux ou en équipe	*jouer au / à l'*	*jouer à la / à l'*
pour les activités individuelles	*faire du / de l'*	*faire de la / de l'*

Exemples :

je – le tennis   *Je joue au tennis.*

elle – la musculation   *Elle fait de la musculation.*

1 je – le hockey ....

2 tu – la course à pied ....

3 il – le foot ....

4 elle – l'accrobranche ....

5 mon ami – le patinage ....

6 on – le skate ....

7 nous – le VTT ....

8 vous – le ski nautique ....

9 ils – le rafting ....

10 elles – le handball ....

11 les enfants – le mini-golf ....

12 les ados – le géocaching ....

2 Choisissez vos trois activités préférées. Écrivez une phrase pour expliquer pourquoi vous aimez chaque activité.

Exemple : J'aime jouer au hockey, parce que c'est un sport d'équipe et j'aime faire du sport en hiver.

....

....

....

....

6/3

En utilisant les mots donnés, faites des phrases avec *depuis*. N'oubliez pas de conjuguer le verbe dans chaque phrase au présent. Indiquez chaque fois s'il s'agit d'un point de départ, d'une durée ou des deux.

Exemple : Thomas – choisir souvent la salade au restaurant – juillet

Thomas choisit souvent la salade au restaurant depuis juillet. (point de départ)

1   je – ne plus manger de viande –
    deux ans

    ....

    ....

2   Audrey – être allergique aux
    cacahuètes – toujours

    ....

    ....

3   je – boire plus d'eau – cet été

    ....

    ....

4   mes amis et moi, nous – manger
    moins de burgers – un an

    ....

    ....

5   je – ne plus mettre de sucre dans
    mon café – l'âge de 12 ans

    ....

    ....

6   le gouvernement – conseiller d'éviter
    les bonbons – l'année dernière

    ....

    ....

6/4

1   Faites des phrases en mettant le premier verbe au temps présent et le second verbe au gérondif.

Exemples :

protéger ma santé – choisir de manger végétarien

Je protège ma santé en choisissant de manger végétarien.

écouter souvent la radio – cuisiner

J'écoute souvent la radio en cuisinant.

1   protéger le bien-être des animaux – acheter un poulet bio

    ....

2   connaître l'origine des produits – lire les étiquettes

    ....

3   voir souvent nos nouveaux voisins – sortir de la maison

    ....

4   traiter humainement les poulets – les laisser dans le jardin

    ....

5   découvrir le commerce équitable – regarder le site web d'Éthiquable

    ....

6   aider les pays en développement – choisir mon thé ou mon sucre

    ....

7   rencontrer des amis – faire mes courses au magasin bio

    ....

8   aider les petits producteurs – payer le chocolat un peu plus cher

    ....

2   Dans chacune de vos réponses ci-dessus, est-ce que le gérondif exprime la manière ou la simultanéité (deux actions qui se produisent en même temps) ?

Exemples :

Je protège ma santé en choisissant de manger végétarien. – manière

J'écoute souvent la radio en cuisinant. – simultanéité

1 _____   5 _____

2 _____   6 _____

3 _____   7 _____

4 _____   8 _____

6/5

Choisissez le connecteur logique qui convient le mieux.

Le rituel du soir pour Ibtissem, 16 ans

D'abord / Puis, je me brosse les dents, [1] **autrefois / puis** je me mets en pyjama. J'éteins mon téléphone. Je vérifie [2] **aussi / et** que mon ordinateur est éteint. J'écoute un peu de musique, [3] **par exemple / de plus** sur mon iPod, mais pas trop fort, [4] **aussi / bien entendu**.

[5] **D'abord / Autrefois**, quand mes grands-parents étaient jeunes, il y avait moins de stimulations. [6] **En fait / Donc**, il n'y avait ni ordinateurs ni téléphones portables. [7] **Puis / De plus**, les frères et sœurs partageaient souvent une chambre. [8] **Par exemple / Donc** la meilleure façon de s'endormir, c'était de se coucher [9] **en fait / et** de lire un peu.

6/6

Réécrivez les phrases en remplaçant les mots soulignés par un pronom complément d'objet direct (COD) ou indirect (COI).

Exemple : Le journaliste interviewe <u>Fatima Abdulali</u>. Le journaliste l'interviewe.

1 Le journaliste pose des questions sur le sommeil des ados <u>à Fatima</u>.

....

	masculin		féminin	
	COD	*COI*	**COD**	*COI*
singulier	**le, l'**	*lui*	**la, l'**	*lui*
pluriel	**les**	*leur*	**les**	*leur*

2 Fatima explique les problèmes <u>au journaliste</u>.

....

3 Les ados considèrent <u>le sommeil</u> comme quelque chose d'enfantin.

....

7 C'est important d'éteindre <u>son smartphone</u>.

....

8 Fatima propose des techniques de relaxation <u>aux jeunes</u>.

....

4 La lumière des écrans empêche <u>les ados</u> de s'endormir.

....

9 On imagine <u>des ballons</u> qui montent dans le ciel.

....

5 Fatima décrit <u>les signes qui précèdent le sommeil</u>.

....

10 Le journaliste remercie <u>Fatima</u> pour l'interview.

....

6 Elle conseille <u>aux ados</u> d'avoir un rituel le soir.

....

6/7

Rappel grammaire

Pouvoir, vouloir, devoir

1 Complétez le tableau avec les formes du présent (P), de l'imparfait (I), du passé composé (PC), du futur (F) et du conditionnel (C) dans la liste.

> • ai voulu • avez dû • avons pu • devais • devrait • devrons
> • doivent • pourrions • pourront • pouvais • pouvons
> • veux • voudraient • voudras • voulaient

	pouvoir	vouloir	devoir
P	je peux nous	tu .... vous voulez	il doit elles ....
I	tu .... vous pouviez	elle voulait ils	je .... ils devaient
PC	nous .... ils ont pu	j' .... il a voulu	nous avons dû vous ....
F	il pourra elles	tu .... vous voudrez	je devrai nous ....
C	je pourrais nous	nous voudrions elles	elle .... elles devraient

2 Complétez les conversations en conjugant *pouvoir*, *vouloir* ou *devoir* au bon temps.

Exemple : Hier, nous <u>avons dû</u> payer 30 euros le billet d'entrée. C'est trop ! [PC]

1 – Pourquoi Léo ne vient-il pas au cinéma ?

– Il voudrait bien, mais il .... se coucher tôt avant les compétitions. [P]

2 – Si tu viens samedi, nous .... aller au match. [F]

– Et si je venais tôt, est-ce que je .... aussi rencontrer les joueurs ? [C]

3 – Éva n'est pas en forme. Elle .... faire du sport. [C]

– Elle est paresseuse, elle ne .... pas ! [P]

– Mais non, elle a mal au dos. L'année prochaine, elle .... recommencer le sport. [F]

4 – ....-tu aller à la piscine avec moi, Louis ? [P]

– Je veux bien, je suis libre.

– Et toi, Jade ?

– Je .... bien [C], mais je ne .... pas [P] : j'ai mal au bras.

– Et toi, Zahid ?

– Non, désolé. Je .... faire du baby-sitting. [P]

5 – Rose était malade, elle .... rester au lit. [I]

– Oui, mais elle .... regarder le marathon à la télé. [PC]

6 – L'année dernière, vous .... manger de tout pendant l'entraînement ? [I]

– Oui, mais nous .... éviter les desserts. [I]

Depuis

3 Remettez ces phrases avec *depuis* dans le bon ordre.

Indiquez si c'est un point de départ (PD) ou une durée (D).

1 à / de sport / depuis / Je / la salle / mois. / six / vais

.... ☐

2 a / au ventre / depuis / Élodie / hier. / mal

.... ☐

3 de tennis / depuis / des tournois / font / janvier. / Tom et Louis

.... ☐

4 ans. / boit / de lait / depuis / deux / Husna / ne / pas

.... ☐

4 Dans ces phrases avec *depuis* :

• mettez le verbe au présent

• indiquez si c'est un point de départ (PD) ou une durée (D).

Exemple : Depuis janvier, on ne [servir] <u>sert</u> plus de frites au lycée. | *PD* |

1 Depuis 10 ans, on [*recommander*] .... les aliments sans gluten. ☐

2 Kévin et Moussa [*se connaître*] .... depuis l'âge de 12 ans. ☐

3 Depuis 2017, les photos de mannequins trop minces [*être*] .... illégales. ☐

4 Lila ne [*manger*] .... pas de viande depuis cinq ans. ☐

7/1

Julie est une fermière très écolo ! Répondez pour elle aux questions en utilisant la forme négative.

Exemple : Tu manges <u>toujours</u> des fraises en hiver ?

Je ne mange jamais de fraises en hiver.

1 Tu as <u>déjà</u> utilisé de l'engrais chimique au jardin ?

....

2 Tu utilises <u>encore</u> des pesticides comme avant ?

....

3 Tu cultives des tomates OGM* <u>et</u> du maïs OGM ?

....

4 Tu utilises <u>plusieurs</u> sacs en plastique pour ramasser les légumes ?

....

* OGM : organisme génétiquement modifié

7/2

1 Lisez ce que disent ces jeunes et entourez *grâce à* ou *à cause de* pour faire des phrases correctes.

2 Ensuite décidez si chaque jeune est écolo ou pas.

	Écolo	Pas écolo
Exemple : Lucie : **Grâce à** */ À cause de mon père qui jardine bio, je mange de bons légumes, très sains pour ma santé.*	✔	☐
1 Grégor : J'ai assez chaud chez moi en hiver et je fais des économies **grâce au / à cause du** thermostat sur les radiateurs.	☐	☐
2 Zoé : **Grâce aux / À cause des** conseils répétés des associations pour encourager le recyclage, je sais maintenant trier mes déchets.	☐	☐
3 Matthieu : **Grâce aux / À cause des** pesticides, des centaines d'insectes meurent et ça m'inquiète.	☐	☐
4 Hugo : **Grâce aux / À cause des** engrais chimiques, les fruits et légumes sont beaux et très gros, comme je les aime!	☐	☐
5 Julie : **Grâce aux / À cause des** restrictions sur l'utilisation de l'eau, on ne peut plus avoir de piscine chez nous, c'est triste.	☐	☐

7/3

Révisez les expressions de cause (chapitre 7, section B) et de conséquence (chapitre 7, section C). Lisez et entourez les bonnes expressions selon que les phrases expriment la cause ou la conséquence.

Les vêtements bio

1 L'industrie textile bio produit des vêtements de façon écologique **car / si bien qu'**elle utilise uniquement des engrais naturels.

2 L'industrie textile bio n'utilise pas de pesticides chimiques **donc / parce qu'**elle n'abîme pas la nature.

3 La fibre biologique est forte et elle pousse sans engrais **comme / de sorte qu'**elle n'abîme pas l'environnement.

4 Les vêtements bio se développent et deviennent plus populaires **de sorte qu' / parce qu'**ils sont de plus en plus beaux.

5 Les risques d'allergies aux vêtements bio sont faibles **si bien qu' / puisqu'**on n'utilise pas de produits chimiques dans leur fabrication.

QUI JETTE UN ŒUF, JETTE UN BŒUF.

STOP au gaspillage alimentaire

CHAQUE FRANÇAIS JETTE EN MOYENNE 20 KG D'ALIMENTS PAR AN À LA POUBELLE : 7 KG D'ALIMENTS ENCORE EMBALLÉS ET 13 KG DE RESTES DE REPAS, DE FRUITS ET LÉGUMES ABÎMÉS ET NON CONSOMMÉS...

www.alimentation.gouv.fr

MANGER C'EST BIEN
JETER ÇA CRAINT !

7/4

Transformez ces phrases en utilisant des expressions négatives.

Exemple : Es-tu prêt à changer ton alimentation ? [ne pas]

N'es-tu pas *prêt à changer ton alimentation ?*

1 Va au supermarché une seule fois par semaine. [*ne pas*]

....

....

2 J'ai déjà fait des boissons avec des fruits abîmés. [*ne jamais*]

....

....

3 Les producteurs vont encore utiliser des produits dangereux sur les fruits. [*ne plus*]

....

....

4 Je mange quelque chose quand je fais les courses. [*ne plus rien*]

....

....

5 Dans ma famille, on préfère jeter les restes. [*ne pas*]

....

....

Le gouvernement français organise des campagnes pour lutter contre le gaspillage. Le but est de réduire le gaspillage de moitié d'ici 2025.

7/5

Rappel grammaire

Les phrases avec *si*

1 Écrivez les débuts et fins de phrases ci-dessous au bon endroit dans la grille.

1 Si j'**ai** le temps le week-end,…

2 Si j'**avais** plus de temps,…

3 Si j'**ai** le temps demain,…

4 Si tu **as** le temps,…

5 … j'**irais** au marché fermier.

6 … je **vais** au marché fermier.

7 … j'**irai** au marché fermier.

8 … **vas** au marché fermier.

Condition / Hypothèse	Conséquence
le présent *Ex : Si j'**ai** le temps le week-end,*	**le présent** *je **vais** au marché fermier.*
le présent	**l'impératif**
le présent	**le futur**
l'imparfait	**le conditionnel présent**

2 Reliez les débuts aux fins de phrases, comme dans l'exemple. Attention aux temps utilisés.

1 A Si on utilise des engrais chimiques,

2 ☐ Si tu veux protéger la nature,

3 ☐ Si on met un pull plutôt que le chauffage,

4 ☐ Si on utilise moins de détergents toxiques,

5 ☐ Si les pesticides dangereux étaient interdits,

6 ☐ Si on installait des panneaux solaires sur toutes les maisons,

7 ☐ Si tout le monde adopte le tri sélectif,

8 ☐ Si on savait mieux réutiliser les restes,

A *on risque d'empoisonner les animaux.*

B on réduirait le risque de tuer les abeilles.

C on réduit le risque de pollution des eaux.

D deviens membre d'une association écologique.

E on réduira la quantité de déchets.

F on gaspillerait moins de nourriture.

G on ferait des économies d'énergie.

H on gaspille moins d'énergie.

3 Conjuguez les verbes au mode et temps appropriés.

1 Si le gouvernement .... [*organiser*] une campagne pour lutter contre le gaspillage, on pourra le réduire de moitié d'ici 2025.

2 Si on .... [*apprendre*] les gestes écologiques quand on est petit, on les fera automatiquement en grandissant.

3 Savez-vous si vous .... [*pouvoir*] changer vos habitudes alimentaires et devenir végétarien ?

4 Si vous arrêtez dès aujourd'hui de prendre des bains, vous .... [*économiser*] beaucoup d'eau.

4 Inventez un début ou une fin pour ces phrases.

1 ...., on est plus fort pour lutter ensemble pour la protection de la nature.

2 Si on continue à acheter des produits génétiquement modifiés,

....

3 Si on ne fait pas d'efforts pour réduire notre consommation,

....

4 ...., on mettrait moins les insectes et surtout les abeilles en danger.

5 ...., la production d'électricité serait moins chère et moins polluante.

6 Si on ne change rien à notre façon de consommer,

....

Révisions de grammaire : Chapitres 6 et 7

Livre de l'élève

en + participe présent → Chapitre 6, section D

les phrases avec si → Chapitre 7, section D

1 Complétez :

1 Le participe présent est formé à partir du radical du verbe conjugué au présent avec…

Je ? Nous ? Ils / Elles ? ....

2 Il y a trois formes irrégulières :

- étant – infinitif : _ _ _ _
- ayant – infinitif : _ _ _ _ _
- sachant – infinitif : _ _ _ _ _ _

2 Faites des phrases comme dans l'exemple.

Exemple : manger des produits bio → améliorer sa santé

a *Si on mangeait des produits bio, on améliorerait sa santé.*

b *En mangeant des produits bio, on améliore / améliorerait sa santé.*

1 savoir bien s'alimenter → réduire le risque de maladie

a Si ....

....

b En ....

....

2 faire plus de sport → être en meilleure santé

a ....

....

b ....

....

3 être actif → combattre le stress

a ....

....

b ....

....

4 avoir une activité de loisirs → se faire des amis

a ....

....

b ....

....

5 acheter plus de produits du commerce équitable → aider les petits producteurs

a ....

....

b ....

....

Faites vos preuves !

1 Lisez le message de Domi sur son réseau social, à propos d'une association de consommation écologique et équitable.

Regardez la grille *Points de grammaire*. Trouvez et surlignez dans le message de Domi au moins 8 des points de grammaire listés.

Exemples : à cause des – connecteurs logiques : cause ; ne… plus – négation

Salut !

La planète est en danger à cause des actions irresponsables de l'homme. On ne peut plus continuer comme ça ! Hier, je suis devenu membre d'Équitabio. Grâce à cette association, je pourrai aider la planète, ce que je veux faire depuis longtemps.

Vous devez vous joindre à moi parce qu'en participant à leurs campagnes, on aidera à changer les façons de consommer. Si tout le monde consommait moins et mieux, on éviterait le gaspillage et on serait en meilleure santé de sorte que tout le monde gagne ! Vous n'avez donc rien à perdre en devenant membre, juste 10 euros de votre argent de poche pour l'adhésion !

Si vous voulez en savoir plus, vous pouvez aller sur le site www.equitabio.com. Qu'est-ce que vous attendez ?

À plus, Domi

2 Julie a aussi posté un message. Complétez son texte avec les mots de l'encadré.

> • à cause de • arrive • consommaient • depuis
> • devez • En achetant • Grâce à • ne + que
> • si bien que (*ou* donc, de sorte que,
> par conséquent, alors) • veulent

Salut à tous !

Je suis membre d'Équitabio [1] .... un an et j'ai participé à plusieurs campagnes pour expliquer aux gens que s'ils [2] .... plus de produits locaux bio, ce serait meilleur pour leur santé et pour la planète. C'est [3] .... la pollution de l'homme que notre planète est en danger.

[4] .... l'action de l'association, les consommateurs sont plus exigeants : ils [5] .... savoir d'où viennent les produits qu'ils achètent [6] .... cela encourage les supermarchés à acheter chez les producteurs locaux. [7] .... des produits locaux, on évite les transports, ce qui réduit la pollution, et si on [8] .... à réduire la pollution, on évitera peut-être la catastrophe climatique.

Vous [9] .... adhérer à l'association. Ça [10] .... coûte [10] .... 10 euros ! Alors, à bientôt !

3 Sur une feuille, écrivez votre propre message (70–150 mots) et marquez un point à chaque fois que vous utilisez un point de grammaire de la liste.

Points de grammaire	Utilisé ? ✔
Les verbes *pouvoir, vouloir, devoir*	
L'utilisation de *depuis*	
Le gérondif : *en* + participe présent	
La négation	
Les connecteurs logiques : cause et conséquence	
Les expressions de cause et d'effet	
Les phrases avec *si* au présent / futur	
Les phrases avec *si* à l'imparfait / conditionnel présent	

Chapitres 6 et 7 : mon bilan

• Mes nouvelles compétences

....

....

....

• Ce que j'ai envie de développer

....

....

....

....

8 Vivre ensemble

1 Lisez les affirmations, puis écrivez deux phrases, une avec une opinion positive (+) et une avec une opinion négative (–), comme dans l'exemple.

Exemple : Avoir de bons voisins est important.

+ *Je pense que les bons voisins rendent la vie plus agréable parce qu'ils peuvent s'entraider.*

– *À mon avis, on n'a pas besoin de voisins si on a de bons amis.*

1 En ville, les gens sont plus heureux qu'à la campagne.

+ ....

– ....

2 Tout le monde adore les fêtes.

+ ....

– ....

3 La technologie rend les gens moins sociables.

+ ....

– ....

4 Les enfants ne peuvent plus jouer dans la rue.

+ ....

– ....

5 Aujourd'hui, il y a trop de gens isolés ou exclus de la société.

+ ....

– ....

2 Comparez vos opinions avec un(e) camarade.

8/2

Complétez le jeu-test avec les adjectifs possessifs appropriés. Ensuite, faites le test : répondez aux questions 1–8.

Quel(le) ami(e) êtes-vous ?

Êtes-vous sympa avec _vos_ amis ? Respectez-vous .... opinions ? Faites le jeu-test. Est-ce que .... réponses révèlent vraiment .... caractère ?

1	Pendant les vacances, êtes-vous toujours en contact avec .... camarades de classe ?	oui / non
2	Si .... ami n'a pas d'argent, est-ce que vous payez pour lui ?	oui / non
3	« J'ai beaucoup de copains mais .... meilleure amie est une fille. » Est-ce vrai pour vous ?	oui / non
4	Est-ce qu'au moins un copain / une copine pense que vous êtes .... meilleur ami / .... meilleure amie ?	oui / non
5	Pensez à vos amis les plus proches : connaissez-vous .... parents ?	oui / non
6	Un ami est nul en maths. Vous lui dites « Tu veux que je t'aide avec .... devoirs ? »	oui / non
7	Pouvez-vous dire honnêtement que vous n'avez jamais menti à .... amis ?	oui / non
8	Croyez-vous que nous devrions nous confier à .... amis si nous avons un problème ?	oui / non

Résultats

Plus de « oui » que de « non » : Vous mettez toujours les autres en premier. Vous êtes le parfait ami / la parfaite amie.

Plus de « non » que de « oui » : Vous aimez votre indépendance et vous ne pensez pas toujours aux autres.

8/3

Réécrivez ces phrases avec les adjectifs à la bonne forme et à la bonne place.

Exemple : J'ai une voisine. [vieux]
J'ai une vieille voisine.

1 Tu connais ma sœur ? [petit]

....

....

2 Les adolescents ont des décisions à prendre. [important]

....

....

3 Mon copain a deux chiens. [beau]

....

....

4 Tous les matins, je mange un petit déjeuner. [bon]

....

....

5 J'habite une banlieue mais il n'y a rien à faire. [joli]

....

....

6 Ma mère m'a acheté une veste pour mon anniversaire. [noir]

....

....

7 Les études occupent une partie de mon temps. [grand]

....

....

8 Mes parents m'ont dit que ma nouvelle copine leur a fait impression. [mauvais]

....

....

8/4

Faites les mots-croisés : lisez les indices et complétez la grille de mots-croisés avec les mots qui manquent.

Horizontalement

2   Quand il y a un seul parent qui élève un enfant, on parle d'une famille ....

6   Pour une cérémonie de mariage religieuse, on peut aller à l' ....

8   Selon la tradition en France, la mariée porte une robe ....

9   Légal = conforme à la ....

10 L'abréviation pour un pacte civil de solidarité, c'est un ....

11 .... mère et mon père = mes parents.

12 Quand un mariage ne marche pas, un couple peut demander un ....

13 L'homme avec qui je me suis mariée, c'est mon ....

14 Quand il y a beaucoup d'enfants dans une famille, on dit que c'est une famille ....

Verticalement

1   Le contraire de « malheur », c'est le ....

3   La bague qui est le symbole d'un mariage dans beaucoup de pays s'appelle une ....

4   En France, le mariage civil, c'est le seul mariage ....

5   Une personne qui n'est pas mariée est ....

7   Quand un couple se marie, la fiancée d'un homme devient sa ....

10 Le fils de son fils, c'est son ....-fils.

15 Son beau-père / .... belle-mère.

Rappel grammaire

Les pronoms possessifs

1 Complétez la grille des pronoms possessifs, puis vérifiez dans votre manuel (section B du chapitre 8).

adjectifs possessifs	masculin singulier	féminin singulier	masculin pluriel	féminin pluriel
mon / ma / mes	le mien			
ton / ta / tes		la tienne		
son / sa / ses			les siens	
notre / nos	le nôtre			
votre / vos		la vôtre		
leur / leurs				les leurs

2 Complétez les phrases avec le pronom possessif qui convient, comme dans l'exemple.

Exemple : Je m'entends bien avec mon père.

Moi, par contre, je ne m'entends pas bien avec <u>le mien</u>.

1 Je ne parle pas beaucoup avec mes amis.

Moi, par contre, je parle beaucoup avec ....

2 Nous ne connaissons pas nos voisins.

Nous, par contre, nous connaissons très bien ....

3 Je ne me dispute jamais avec ma mère.

Mon copain, par contre, se dispute constamment avec ....

4 Je m'entends bien avec mon frère.

Et toi, tu t'entends bien avec .... ?

5 J'ai bien connu mes grands-parents.

Mes parents, par contre, n'avaient pas connu ....

6 Je fête toujours mon anniversaire en famille.

Mon copain, par contre, ne fête jamais ....

7 J'adore passer du temps avec ma famille.

Mes copains, par contre, évitent souvent de voir ....

8 Nous avons beaucoup de traditions familiales.

Et vous, quelles sont .... ?

9 On ne se comprend pas, mes parents et moi.

Ils ont leurs idées, et moi, j'ai .... !

10 Mes amis sont d'un grand soutien pour moi.

J'espère que .... le sont aussi pour toi.

Les adverbes irréguliers

> **Rappel**
>
> Certains adverbes irréguliers peuvent poser des difficultés. Entraînez-vous !
>
> *bon* (adj.) ou *bien* (adv.) ?
>
> *mauvais* (adj.) ou *mal* (adv.) ?
>
> *meilleur* (adj.) ou *mieux* (adv.) ?

3 Barrez le mot qui ne convient pas dans ces phrases.

1 Ce parfum sent très **bon** / **bien**.

2 Il est mon ami et il m'aide **bon** / **bien.**

3 C'est **bon** / **bien** d'apprendre à connaître ses voisins.

4 Aujourd'hui, il fait **mauvais** / **mal** : il pleut et il fait froid.

5 Il joue de la guitare mais vraiment très **mauvais** / **mal**.

6 Ça sent très **mauvais** / **mal** dans cette pièce.

7 Je voudrais pouvoir **meilleur** / **mieux** soutenir ma copine.

8 Le **meilleur** / **mieux** moyen, c'est de passer du temps avec elle.

9 Le lycée, c'est le **meilleur** / **mieux** endroit pour se faire des amis ?

> *beaucoup (de)* ou *très* ?
>
> *beaucoup* + verbe
>
> *beaucoup de* + nom
>
> *très* + adjectif ou adverbe

4 Barrez le mot qui ne convient pas dans ces phrases.

1 Les fêtes de famille sont **beaucoup** / **très** importantes chez nous.

2 Nous apprécions **beaucoup** / **très** les occasions de se retrouver tous ensemble.

3 Je vais **beaucoup** / **très** souvent en vacances avec mes amis.

4 Je ne passe pas **beaucoup de** / **très** temps avec mes grands-parents.

5 Nous mangeons toujours **beaucoup** / **très** bien à Noël.

6 On mange **beaucoup** / **très** pendant toutes nos fêtes de famille !

9/1

Complétez la grille : utilisez un dictionnaire pour trouver les mots de la même famille, comme dans l'exemple.

Nom	Adjectif	Adverbe	Verbe
Exemple : pauvreté	*pauvre*	*pauvrement*	*appauvrir*
		prochainement	
			progresser
patience			
	général(e)		
grandeur			
	passionnant(e)		
			admirer
respect			

9/2

Masculin ou féminin ? Lisez les phrases, regardez bien les terminaisons soulignées et barrez les mots qui ne conviennent pas, comme dans l'exemple.

Exemple : Le / La comparaison entre Haïti et les autres îles des Antilles est intéressant / intéressante.

1 La vie des habitants d'Haïti est caractérisée par **un / une** incertitude **quotidien / quotidienne**.

2 C'est une population très pauvre : **le / la** moitié est **habillé / habillée** de guenilles **déchirés / déchirées**.

3 Les plus **beaux / belles** résidences n'ont pas résisté **au / à la** passage **dévastateur / dévastatrice du / de la dernier / dernière** typhon.

4 Les fissures ont été **causés / causées** par **un / une** tornade très **puissant / puissante**.

5 Il faut faire **un / une** inventaire **détaillé / détaillée** de tous les médicaments qui ont été **expédiés / expédiées** après cette catastrophe.

6 Beaucoup d'habitants ressentent **un / une profond / profonde** désespoir.

7 L'organisme qui s'occupe **du / de la** chantier de reconstruction est **français / française**.

8 Les gens ici donnent l'impression très **net / nette** qu'ils refusent de parler du volcan et que c'est presque **un / une** tabou.

9 La montagne est **un / une** frontière **naturel / naturelle** entre les deux nations **voisins / voisines**.

9/3

Lisez le récit d'un reporter qui séjournait à Port-au-Prince pendant le tremblement de terre de janvier 2010. Complétez le texte avec les verbes au temps du passé qui convient : passé composé, imparfait ou plus-que-parfait.

[C' + être] ......**C'était**...... en fin d'après-midi.

[Je + visiter] ..**J'avais visité**.. Port-au-Prince pendant toute la journée avec un guide et [1] [je + venir] ....juste de rentrer à l'hôtel. [2] [Je + décider] .... de rentrer parce que [3] [je + être] .... très fatigué : il [4] [faire] .... tellement chaud à Haïti ce jour-là !

Tout d'un coup, il y [5] [avoir] .... un grand bruit et une immense secousse. Tout [6] [se mettre] .... à bouger dans ma chambre : le sol, les meubles, le plafond. [7] [Je + tomber] .... plusieurs fois mais [8] [je + réussir] .... à sortir de ma chambre et à aller dans le jardin – juste à temps. Le toit de l'hôtel [9] [s'écrouler] .... juste au moment où [10] [je + sortir] .... du jardin.

Dans la rue, [11] [je + être] .... sous le choc. Des gens [12] [courir] .... dans tous les sens autour de moi, ils [13] [crier] .... « Jésus ! Jésus ! ». Beaucoup [14] [être] .... blessés. Il y [15] [avoir] .... du sang partout. [16] [Je + ne + voir + jamais] .... une telle horreur de ma vie.

[17] [Je + commencer] .... à prendre des photos, presque automatiquement. [18] [Je + attraper] .... mon appareil-photo avant de sortir de ma chambre. [19] [On + pouvoir] .... voir une montagne de poussière blanche au-dessus de la ville. Combien de bâtiments [20] [s'écrouler] .... comme mon hôtel ? [21] [Je + imaginer] .... les morts, les blessés, les femmes, les enfants... [22] [Je + se mettre] .... à trembler et à pleurer.

9/4

Reliez les débuts et fins de phrases. Regardez bien les pronoms relatifs : *que, qui, ce que, ce qui, où*.

Exemple : C'est dans la nature que... 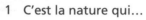 **B**

1 C'est la nature qui...

2 Ce sont les effets de la pollution qui...

3 C'est grâce à la biodiversité que...

4 L'urbanisation excessive, c'est ce qui...

5 L'urbanisation excessive, c'est ce que...

6 Il faut protéger les abeilles que...

7 C'est à nous de protéger l'environnement où...

A provoque la dégradation des milieux naturels.

B ***nous avons trouvé l'idée du velcro.***

C menacent la biodiversité de la planète.

D nous tuons avec nos pesticides.

E provoque une population de plus en plus nombreuse.

F nous vivons pour assurer notre avenir.

G nous a inspiré beaucoup d'inventions.

H nous avons de quoi boire et manger.

9/5

Rappel grammaire

Les pronoms relatifs

1 Complétez le tableau avec ces pronoms relatifs :

ce que / ce qu'   dont   qui   ce dont   ce qui   que / qu'

Pronom relatif	remplace un nom	remplace une phrase ou une idée
sujet		
objet direct		
objet indirect (après verbe + *de*)		

2 Lisez le texte « Dégâts et conséquences des inondations ». Notez tous les pronoms relatifs et indiquez à qui ou à quoi chaque mot ou groupe de mots se réfère.

Exemple : dont → les réparations

1 .... → ....

2 .... → ....

3 .... → ....

4 .... → ....

5 .... → ....

6 .... → ....

Dégâts et conséquences des inondations

Les inondations mineures causent des dégâts aux habitations mais il est en général possible de faire les réparations (dont) elles ont besoin pour redevenir habitables.

Par contre, les habitations qui sont touchées par les inondations majeures sont souvent entièrement détruites et irréparables.

Les inondations entraînent très souvent des pannes d'électricité, ce qui cause d'énormes problèmes aux populations affectées. L'accès à l'eau potable, dont l'homme ne peut se passer, devient aussi très difficile. Un autre problème que craignent les organisations d'aide, c'est quand les routes deviennent impraticables.

Ce que nous ne devons pas non plus ignorer, ce sont les conséquences psychologiques : la disparition de proches bien sûr, mais aussi la perte d'objets sentimentaux, ce dont souffrent beaucoup de victimes d'inondations.

3 Entourez le bon pronom relatif dans les phrases suivantes.

1 Les jours **que** / **dont** / **où** il fait froid au Québec, il fait vraiment très froid !

2 En général, on a une alimentation **que** / **qui** / **dont** est adaptée au climat du pays.

3 **Ce qui** / **Ce que** / **Ce dont** est très agréable en Tunisie, c'est qu'il fait toujours beau.

4 En Guadeloupe, on peut vivre dehors toute l'année, **ce que** / **ce qui** / **ce dont** j'apprécie beaucoup.

5 La saison **dont** / **ce que** / **que** je préfère, c'est le printemps.

6 Les gants ou les bonnets ne sont pas des vêtements **que** / **qui** / **dont** on a besoin en Guadeloupe.

7 Je ne voudrais pas vivre dans un pays **où** / **qui** / **qu'** il y a souvent des ouragans.

8 **Ce que** / **Ce qui** / **Ce dont** on parle de plus en plus, c'est des effets du réchauffement climatique.

Révisions de grammaire : Chapitres 8 et 9

Livre de l'élève

les pronoms relatifs → Chapitre 9, section E

1 Transformez les phrases en remplaçant les mots soulignés par un pronom relatif, comme dans l'exemple.

Exemple : La pollution est un problème grave. Il faut parler de ce problème.

La pollution est un problème grave <u>dont</u> il faut parler.

1 On peut donner des jouets ou des vêtements. On n'a plus besoin <u>de ces jouets ou ces vêtements</u>.

....

....

2 Le réchauffement climatique est un problème. <u>Ce problème</u> me fait peur.

....

....

3 Je ne voudrais pas habiter au Japon. Il y a trop de tremblements de terre <u>au Japon</u>.

....

....

4 Cet article parle des relations entre les membres d'une famille. Je trouve <u>cet article</u> intéressant.

....

....

5 Certaines personnes ne voient jamais leur famille. Je ne comprends pas <u>ça</u>.

....

....

6 J'ai écrit une lettre à un magazine. <u>Écrire cette lettre</u> m'a beaucoup aidé.

....

....

Faites vos preuves !

1 Lisez cette lettre qu'Hamid a écrite pour expliquer ce qu'il voudrait faire pour aider les victimes d'un récent tremblement de terre. Trouvez et surlignez dans le texte les éléments de grammaire listés dans la grille *Points de grammaire*.

Chers voisins,

Je vous écris pour vous proposer une idée que vous trouverez bonne, j'espère !

Hier soir, je regardais les informations à la télé quand les images d'enfants victimes d'un terrible tremblement de terre m'ont beaucoup choqué. Je me suis demandé ce que je pouvais faire pour aider. J'ai découvert l'association *Terre Extrême*, où j'ai parlé à un jeune bénévole fantastique qui m'a dit que ce dont les enfants avaient besoin, c'était des jouets. Ils acceptent les vieux jouets en bon état. J'ai nettoyé les miens et je les ai tout de suite apportés à l'association.

Je vous propose donc d'organiser une grande fête de quartier, sur la place Granger, ou sous le préau de l'école Dumain s'il pleut, dimanche prochain entre 14 et 16 heures, pour collecter les jouets dont vos enfants n'ont plus besoin. Apportez des gâteaux et des boissons et venez passer un bon moment ensemble pour aider les enfants !

Pour plus de renseignements veuillez me contacter :

Tél : 06 87 32 45 65
E-mail : hamidbercha@hotmail.fr

Je vous remercie d'avance.

Cordialement,
Hamid

2 Lisez la lettre que Yasmina a écrite aux habitants de son quartier pour leur demander d'aider les victimes d'inondations au Bangladesh. Complétez son texte avec les mots de l'encadré (ces mots correspondent aux points de grammaire listés dans la grille).

> • avions passé • suis allée • dans • entre • petit
> • calme • mes • leurs • les vôtres • les miens
> • qui • où • ce que • Ce dont • dont

Chers habitants du quartier Rochemond,

Le mois dernier, je [1] .... au
Bangladesh avec [2] .... parents,
[3] .... le village de
[4] .... ancêtres, un [5] ....
village [6] .... près de Ujantia.

Hier, j'ai appris que ce village, [7] .... nous
[8] .... deux semaines, a disparu dans les
inondations. Je connais les familles
[9] .... ont tout perdu dans ce désastre.
J'ai contacté *Terre Extrême* pour savoir
[10] .... je pouvais faire pour aider.
[11] .... les habitants ont le plus besoin,
ce sont des vêtements et des couvertures.

Je voudrais organiser une grande fête de voisinage
samedi matin, boulevard Daumier, [12] ....
la pharmacie Duroc et la librairie Lévy, de 10h à 12h.

Vous avez des vêtements [13] ....
vous n'avez plus besoin ? Apportez-les ! Moi,
j'ai mis [14] .... dans des sacs avec une
étiquette. Faites la même chose avec
[15] ....!

S'il vous plaît, aidez-moi à aider ces villageois.

À samedi !

Yasmina

3 Sur une feuille, écrivez votre propre lettre à vos voisins pour expliquer comment ils peuvent contribuer à votre action de soutien aux enfants victimes de désastres naturels. Marquez un point à chaque fois que vous utilisez un point de grammaire de la liste.

Points de grammaire	Utilisé ? ✔
les adjectifs possessifs	
les pronoms possessifs	
la position des adjectifs	
les adverbes irréguliers	
les prépositions	
les temps du passé : passé composé, imparfait, plus-que-parfait	
les pronoms relatifs définis *qui, que, dont, où*	
les pronoms relatifs indéfinis *ce qui, ce que, ce dont*	

Chapitres 8 et 9 : mon bilan

• Mes nouvelles compétences

....

....

....

....

• Ce que j'ai envie de développer

....

....

....

....

....

....

10 Problèmes mondiaux

Dans votre blog, vous partagez des idées sur la pauvreté infantile.

1 D'abord, donnez des conseils aux gouvernements ; utilisez la deuxième personne du pluriel de l'impératif.

*Exemple : combattre / la pauvreté – **Combattez** la pauvreté.*

1 augmenter / l'aide financière ....

2 aider / les familles en difficulté ....

3 parler à / les représentants des familles ....

4 écouter / les associations d'aide à l'enfance ....

5 prendre / des mesures immédiates ....

6 trouver / des emplois pour tous ....

2 Ensuite, lancez un appel à vos camarades qui veulent agir contre la pauvreté ; utilisez la première personne du pluriel de l'impératif.

Exemple : écrire à / le ministre – Écrivons au ministre.

7 partager / nos idées ....

8 proposer / nos solutions ....

9 échanger / nos points de vue ....

10 téléphoner à / le journal local ....

11 participer / à la journée d'information ....

12 former / un groupe de discussion ....

13 être / solidaires des familles pauvres ....

14 s'informer / dans la presse ....

3 Dans les phrases 1–4 et 7–10 ci-dessus, remplacez le complément par un pronom et mettez ces nouvelles phrases à la forme négative.

*Exemple : Combattez <u>la pauvreté</u>. Combattez-**la**. **Ne** la combattez **pas**. Écrivons <u>au ministre</u>. Écrivons-**lui**. **Ne** lui écrivons **pas**.*

1 ....

2 ....

3 ....

4 ....

7 ....

8 ....

9 ....

10 ....

10/2

Lisez les deux phrases. Pour chaque réponse, choisissez le meilleur adverbe.

*Exemple : Es-tu prêt à aider des familles pauvres ? **Probablement / (Volontiers.)** C'est un devoir, si on a assez d'argent.*

1 – Crois-tu que la pauvreté infantile existe dans notre pays ?

– **Certainement / D'accord**, parce que j'ai vu des familles pauvres.

2 – Tu as lu l'interview de Paula Meyer ?

– **Bien sûr / Peut-être**. Elle m'a appris beaucoup de choses.

3 – Mais il n'y a pas de pauvreté infantile dans l'Union européenne !

– **Non / Si**, il y en a. Un enfant sur quatre est pauvre.

4 – Le petit déjeuner pour tous à l'école, c'est une mesure efficace.

– **Oui / Si**, c'est vrai. Cela permet une meilleure intégration pour tous les élèves.

5 – Tu veux venir à la journée d'information ?

– **D'accord / Vraiment**. Je suis libre et ça m'intéresse.

6 – Est-ce que la situation des familles va s'améliorer ?

– **Volontiers / Peut-être**, mais je n'en suis pas certain.

10/3

Soulignez le connecteur logique qui convient dans chaque phrase.

Qu'est-ce qui est le plus utile pour les pays en développement, l'aide publique au développement ou le commerce équitable ? **D'un côté / Mais**, les pays développés sont riches, [1] **donc / par contre** l'APD représente des sommes importantes. [2] **D'un côté / D'un autre côté**, l'APD est quelquefois un moyen d'influencer les pays qui reçoivent. [3] **Non seulement / De plus**, on ne sait pas toujours comment l'argent est utilisé. L'APD représente beaucoup d'argent, [4] **mais / donc** il est souvent mal dépensé.

Le commerce équitable, [5] **par contre / donc**, permet d'aider directement les petits producteurs. [6] **De plus / Grâce au** commerce équitable, non seulement les petits producteurs gagnent plus, [7] **mais aussi / d'un autre côté** ils conservent leur dignité et le respect d'eux-mêmes.

[8] **Non seulement / En conclusion**, les deux systèmes ont des avantages et des inconvénients, mais ils peuvent coexister !

10/4

Mettez les verbes au passé composé. Faites accorder le participe passé si nécessaire.

Exemple : Dans mon nouveau lycée, je [se sentir] .... exclu.
*Dans mon nouveau lycée, je **me suis senti** exclu.*

1 Est-ce que tu [*se battre*] .... pendant la guerre ?

2 La famille [*s'habituer*] .... à sa nouvelle vie.

3 L'attentat [*se produire*] .... pendant la nuit.

4 Nous [*se retrouver*] .... dans un camp de réfugiés.

5 Est-ce que vous [*se réunir*] .... l'année dernière ?

6 Les soldats [*se préparer*] .... pour le combat.

7 Les réunions [*se terminer*] .... le 30 avril.

8 Les frères [*se téléphoner*] .... en arrivant au camp.

10/5

1 Mettez les verbes à la voix passive.

Exemple : Pendant les guerres civiles, les rebelles recrutent souvent des enfants.

*Pendant les guerres civiles, des enfants **sont** souvent **recrutés par** les rebelles.*

1 Le ministre identifie les difficultés.

....

2 Les soldats tuent trois habitants du village.

....

3 La bombe détruit plusieurs maisons.

....

4 La violence choque la population.

....

5 Un volontaire aide la femme blessée.

....

6 Le village rejette l'enfant soldat.

....

7 La réaction de la population surprend le président.

....

8 Le ministre reçoit la délégation.

....

2 Complétez chaque phrase avec la forme adjectivale du participe passé du verbe. Faites accorder le participe passé avec le nom qu'il décrit.

*Exemple : L'ancien soldat ne conduit plus à cause de sa jambe **déformée**. [déformer]*

1 L'hôpital soigne les soldats .... [blesser]

2 La psychologue aide les enfants .... [traumatiser]

3 Le camp accueille les familles .... [terrifier]

4 Une scolarité ...., c'est un handicap pour l'avenir. [perturber]

5 Un pays .... est difficile à gouverner. [diviser]

6 Les populations .... choisissent parfois la violence. [exclure]

10/6
....

1 Pour chaque phrase, écrivez la forme correcte du verbe au temps indiqué : présent, imparfait, passé composé, futur simple, conditionnel ou gérondif.

Attention : il y a huit verbes réguliers en *-ir* et deux verbes irréguliers.

Exemple : Dans le Forum des Jeunes, on discute, mais on [agir] **agit** *aussi. [présent]*

1 Les Casques Bleus [*venir*] .... de nombreux pays différents. [*présent*]

2 Il y a deux ans, j' / je [*choisir*] .... de partir comme VIF. [*passé composé*]

3 En [*partir*] .... en Tunisie, je veux découvrir une culture différente. [*gérondif*]

4 Si je pouvais, je [*saisir*] .... l'occasion de voyager à l'étranger. [*conditionnel*]

5 Autrefois, on ne [*réfléchir*] .... pas aux moyens d'éviter la guerre. [*imparfait*]

6 En participant au forum international l'année prochaine, vous [*élargir*] .... vos horizons. [*futur*]

7 Il y a un mois, nous [*réussir*] .... à stopper les combats. [*passé composé*]

8 En [*se réunir*] .... à Strasbourg, les jeunes peuvent échanger des points de vue. [*gérondif*]

9 Les Casques Bleus [*rétablir*] .... la paix et ils peuvent maintenant quitter le pays. [*passé composé*]

10 Aujourd'hui, la réunion [*finir*] .... à 17 heures, puis le bureau ferme. [*présent*]

2 Choisissez quatre verbes en *-ir*, réguliers ou irréguliers, et inventez des phrases, chacune avec un temps différent.

Exemples :

réfléchir – présent : Le président réfléchit à une solution.

choisir – passé composé : J'ai choisi d'étudier la politique.

finir – futur simple : Tu finiras ton travail ce soir ?

rétablir – conditionnel : Les soldats rétabliraient la paix s'ils le pouvaient.

partir – gérondif : En partant maintenant, l'armée respecte la décision du gouvernement.

....

....

....

....

....

....

....

....

Rappel grammaire

Les verbes pronominaux au passé composé

1 Complétez les phrases avec la bonne forme du verbe pronominal.

Attention : faites accorder le second pronom et le participe passé avec le sujet.

Exemple : Je suis Éléna et je me suis vue dans le miroir. [se voir]

1 Vous .... rapidement, les filles ! [*se mobiliser*]

2 Nous .... de cette violence. [*s'étonner*]

3 Marion .... contre la guerre. [*se révolter*]

4 Comment est-ce que tu ...., Omar-Jo ? [*se blesser*]

5 Des associations humanitaires .... [*se créer*]

6 Quand on a tué son père, est-ce que Atim .... ? [*se venger*]

Les verbes en *-ir*

2 Complétez le tableau avec les verbes de l'encadré.

> • sortais • fini • sort • sortirons • sorti • vient
> • sortant • viendrons • venant • ~~finit~~ • venu • finissent
> • viennent • finissais • venais • finirais • sortent
> • finissant • ~~choisit~~

	réguliers (*finir…*)	irréguliers (*sortir…*)	irréguliers (*venir…*)
présent	il *finit*	elle	il
	il *choisit*	elle	il
	elles	ils	elles
	elles	ils	elles
imparfait	je	je	je
	je	je	je
futur	nous	nous	nous
	nous	nous	nous
participe présent			
participe passé			

La voix passive

		avoir	être
voix passive au **présent**			*je suis étonné(e) par ces chiffres*
voix active au **passé composé**	verbes ordinaires	*j'ai discuté*	
	verbes de mouvement		*je suis allé(e)*
	verbes pronominaux		*je me suis battu(e)*

3 Regardez les verbes soulignés dans le texte.

- Notez A pour les verbes à la voix active et P pour ceux à la voix passive.
- Entourez les verbes pronominaux et ajoutez PR.
- Entourez les verbes de mouvement et ajoutez M.

J'ai lu ☐A un livre sur la guerre civile au Rwanda. C'est l'histoire de Paul, un garçon qui est enlevé ☐ par des soldats et qui est forcé ☐ à se battre. À la fin de la guerre, il est rejeté ☐ par sa famille et il est obligé ☐ de quitter son village pour aller à Kigali, la capitale. Il est traumatisé ☐ par son expérience mais il est aidé ☐ par une femme qui a perdu ☐ son fils à la guerre et qui traite ☐ Paul comme son enfant.

J'ai aimé ☐ ce livre parce qu'il m'a rappelé ☐ l'histoire de mon grand-père pendant la Seconde Guerre mondiale. Mon grand-père n'est pas devenu ☐ enfant-soldat, mais quand les soldats ennemis sont arrivés ☐ dans sa ville, en 1942, son frère et lui se sont enfuis ☐ et ils se sont réfugiés ☐ dans une ferme où on les a aidés ☐ et protégés.

11 Nouvelles technologies : le meilleur et le pire

11/1

1 Réécrivez chacune de ces phrases au style indirect. Comme le verbe introductif est au présent, le temps du second verbe ne change pas, mais attention aux autres modifications !

Exemple : Léo dit : « Je ne suis pas sur Facebook. »

Léo dit qu'il n'est pas sur Facebook.

1 Léo précise : « Ce n'est pas moi qui envoie des messages étranges. »

....

2 La prof de géo nous dit : « Vous pouvez faire des recherches sur Internet. »

....

3 Elle explique: « Par contre, vous ne devez pas aller sur votre réseau social. »

....

4 Le policier me prévient : « Tu prends des risques en allant sur ce forum. »

....

5 Katya raconte : « Quand j'étais plus jeune, j'avais un ordi mais mes parents contrôlaient tout ce que je faisais sur Internet. »

....

....

6 Elle affirme : « Tes parents devraient faire la même chose pour ta petite sœur. »

....

7 Lucien et Léa annoncent : « Nous allons fermer notre blog. »

....

8 Ils expliquent: « Nous sommes devenus trop accro et nous préférons arrêter. »

....

2 Transformez les phrases du style direct au style indirect, comme dans l'exemple. Attention, certains verbes introductifs sont au passé, donc le temps du second verbe doit aussi changer dans certaines phrases.

Exemple : Mon père m'a souvent dit : « Je passais moins de temps que toi devant un écran quand j'étais jeune. »

Mon père m'a souvent dit qu'il passait moins de temps que moi devant un écran quand il était jeune.

1 Ma grand-mère me répète souvent : « Les jeunes de ma génération n'avaient pas Internet ! »

....

....

2 Elle ajoute toujours : « Vous, les jeunes de maintenant, vous avez beaucoup de chance. »

....

....

3 Hier soir, elle m'a dit: « Moi, je n'ai jamais eu de portable. »

....

4 Elle a ajouté : « J'aimerais bien aller sur un réseau social. »

....

5 Elle a dit : « Un jour, je m'inscrirai et je contacterai tous mes amis. »

....

....

6 Alors, je lui ai expliqué: « Tu ne pourras pas les contacter parce que tu n'as ni ordinateur, ni portable. »

....

....

11/2
••

Depuis (que) ou *pendant (que)* ? Écrivez la bonne préposition pour chaque phrase ci-dessous.

Martin, 65 ans :

1 Avant d'avoir un ordinateur, j'ai eu un Minitel .... trois ans.

2 Je me suis acheté un ordinateur personnel en 2000 et je l'ai gardé .... longtemps.

3 .... 2015, je n'ai plus d'ordinateur ; je me sers uniquement d'une tablette.

4 .... j'ai cette tablette, j'ai accès à Internet partout où il y a WiFi.

5 C'est très pratique, surtout .... je suis en vacances à l'étranger.

6 Avant, quand j'allais en vacances, je n'avais pas accès à Internet .... un mois ! C'était terrible !

11/3

1 Transformez les phrases avec *faire* + infinitif, comme dans l'exemple.

Exemple : On installe l'ADSL chez mes grands-parents.

Mes grands-parents **font installer** *l'ADSL chez eux.*

1   On met un grand écran pour mes grands-parents dans le salon.

....

2   On installe une webcam pour ma grand-mère.

....

3   On répare l'ordinateur immédiatement pour mes grands-parents.

....

4   Un réparateur vient chez mes grands-parents.

....

2 Complétez les phrases avec *se faire* + infinitif à la forme qui convient et au temps indiqué, comme dans l'exemple.

Exemple : Ma cousine [voler] **s'est fait voler** *son mot de passe sur Internet. [passé composé]*

Attention, le participe passé de *faire* ne s'accorde pas ici !

1   Ma copine [*remarquer*] .... dans les forums. [*présent*]

2   Si tu mets des photos compromettantes sur le web, tu [*harceler*] .... sur les réseaux sociaux. [*futur*]

3   Comme il a souvent harcelé les filles, il [*expulser*] .... du lycée. [*passé composé*]

4   Sur les réseaux sociaux, il [*passer*] .... pour un jeune lycéen timide. [*imparfait*]

11/4

Entourez la bonne forme du participe passé.

Exemple : J'ai déjà (*joué*) / *joués* / *jouée à des jeux en ligne.*

1   Ma copine a aussi **joué / joués / jouée** à plusieurs jeux mais elle n'aime pas ça.

2   Elle préfère les jeux vidéo mais elle n'a pas aimé les jeux que je lui ai **offert / offerte / offerts** à Noël.

3   Ce sont des jeux sur l'équitation et elle s'est vite **ennuyé / ennuyée / ennuyés**.

4   Quels jeux a-t-elle **préféré / préférée / préférés** ? Des jeux de football et de Formule 1 !

5   Ma sœur et ma mère sont **allé / allés / allées** toutes les deux au supermarché.

6   Elle s'est **acheté / achetée / achetés** le dernier jeu de FIFA.

7   Sophie et Julien se sont **rencontré / rencontrés / rencontrées** en ligne : ils jouaient tous les deux au même jeu vidéo.

8   Sophie adore Julien : il l'a tout de suite **impressionné / impressionnée / impressionnés** parce qu'il avait une très bonne stratégie de jeu !

Rappel grammaire

Les phrases avec *si*

1 Complétez l'encadré avec les temps suivants. (Attention, il y a des temps en trop !)

> • conditionnel passé • conditionnel présent • futur
> • imparfait • passé composé • présent

Exprimer une condition avec *si*
1   possibilité dans le futur :   *si* + présent + ...
2   possibilité plus éloignée dans le futur :   *si* + ... + conditionnel présent
3   possibilité dans le passé :   *si* + plus-que-parfait + ...

2 Transformez les phrases en utilisant *si* + présent.

Exemple : Si les nomades ont [avoir] un portable, ils pourront [pouvoir] accéder à l'éducation.

1   Si un jeune Burkinabé .... [*savoir*] utiliser un ordinateur, il .... [*trouver*] plus facilement un emploi.

2   Si un village .... [*disposer*] d'Internet, le bus Biblio'Brousse .... [*pouvoir*] s'arrêter.

3   Il .... [*falloir*] mieux éduquer les enfants à utiliser Internet à l'avenir si on .... [*vouloir*] les protéger.

4   Si ton ami .... [*être*] harcelé, tu .... [*devoir*] parler à quelqu'un.

3 Transformez les phrases en utilisant *si* + imparfait.

Exemple : Si j' avais [avoir] un enfant, je ne l'autoriserais [autoriser] pas à aller sur Internet.

1   Si on ne .... [*posséder*] pas de portables, on .... [*communiquer*] moins qu'avant.

2   Tu .... [*avoir*] besoin d'aide si tu .... [*vouloir*] te déconnecter des réseaux sociaux.

3   Si les gens .... [*partager*] moins sur les réseaux sociaux, il y .... [*avoir*] peut-être moins de cyberharcèlement.

4   Si les jeunes .... [*être*] moins accro aux jeux vidéo, ils .... [*être*] peut-être moins stressés.

4 Transformez les phrases en utilisant *si* + plus-que-parfait.

Exemple : Si mes parents avaient su [savoir] que je deviendrais accro, ils ne m'auraient pas acheté [acheter] ce jeu vidéo.

1   Si nos grands-parents .... [*avoir*] Internet, ils .... [*lire*] peut-être beaucoup moins.

2   La science .... moins vite .... [*se développer*] si on n' .... pas .... [*inventer*] Internet.

3   Il y .... [*avoir*] moins de victimes de harcèlement ces dernières années si on .... mieux .... [*savoir*] protéger les jeunes vulnérables.

4   Hier, j'..................................... [*acheter*] ce jeu vidéo s'il .... [*être*] moins cher.

5 À vous ! Écrivez deux phrases pour chacune des formules :

1   *si* + présent + futur

....

....

2   *si* + imparfait + conditionnel présent

....

....

3   *si* + plus-que-parfait + conditionnel passé

....

....

....

Révisions de grammaire : Chapitres 10 et 11

Livre de l'élève

les verbes pronominaux → Chapitre 10, section C

les phrases au passé au style indirect → Chapitre 11, section A

1 Complétez l'encadré avec le temps qui convient :

> • conditionnel présent • conditionnel passé • imparfait
> • plus-que-parfait

Style direct	Style indirect
1 Elle a dit : « Je m'inscris au registre électoral ». → *présent*	Elle a dit qu'elle s'inscrivait au registre électoral. →
2 Elle a dit : « Je me suis inscrite au registre électoral ». → *passé composé*	Elle a dit qu'elle s'était inscrite au registre électoral. →
3 Elle a dit : « Plus tard, je m'inscrirai au registre électoral ». → *futur*	Elle a dit que plus tard, elle s'inscrirait au registre électoral. →
4 Elle a dit : « Je me serai inscrite au registre électoral avant les prochaines élections. » → *futur antérieur*	Elle a dit qu'elle se serait inscrite au registre électoral avant les prochaines élections. →

2 Complétez les phrases avec le verbe au temps approprié.

Style direct	Style indirect
1 Elle a dit : « Je ne me déconnectais jamais ». → *imparfait*	Elle a dit ....
2 Elle a dit : « Je ne m'étais jamais déconnectée ». → *plus-que-parfait*	Elle a dit ....
3 Elle a dit : « Je ne me déconnecterais jamais ». → *conditionnel présent*	Elle a dit ....
4 Elle a dit : « Je ne me serais jamais déconnectée ». → *conditionnel passé*	Elle a dit ....

3 Transformez les phrases au style indirect. Attention, n'oubliez pas de changer tous les mots affectés par le changement de sujet.

1 Les enfants des migrants ont expliqué : « Nous nous sommes retrouvés séparés de notre famille. C'était horrible. »

....

....

2 Le jeune homme a déclaré : « Je m'engage dans la politique pour améliorer la vie de mon pays. »

....

....

3 La mère a dit : « Je me suis souvent inquiétée pour l'état mental de mon fils, trop accro aux jeux vidéo. »

....

....

4 Le policier a dit : « Les jeunes auront moins de problèmes de harcèlement s'ils se protègent mieux en ligne. »

....

....

Faites vos preuves !

Armel fait un discours au conseil municipal de sa ville pour présenter son projet d'application pour aider les réfugiés à apprendre le français.

1 Regardez la grille *Points de grammaire*. Trouvez et surlignez dans le discours d'Armel au moins 10 des points de grammaire listés.

Monsieur le Maire, Mesdames et Messieurs les conseillers,

Tout d'abord, je voudrais vous remercier d'avoir accepté de m'écouter. Je voudrais vous parler d'un projet important pour moi depuis que j'ai parlé aux jeunes réfugiés que j'ai rencontrés grâce à mon association *Entr'aide*.

J'ai été choqué par ce qu'ils nous ont dit : ils se font beaucoup insulter parce qu'ils ne parlent pas français. Ils ont expliqué qu'ils aimeraient bien l'apprendre mais qu'ils ne trouvaient personne pour les aider. Avec mes amis de l'association, nous nous sommes réunis et nous avons pensé, comme ils ont tous un portable, que nous pourrions créer une application pour apprendre le français et que la mairie pourrait aider à la financer.

En conclusion, ce serait formidable si vous acceptiez de sponsoriser ce projet, né d'une envie d'aider ces jeunes qui ont déjà tellement souffert.

S'il vous plaît, considérez notre idée !

Je vous remercie de votre attention.

2 Lisez le discours d'Émeline. Complétez son texte avec les mots de l'encadré (ces mots correspondent aux points de grammaire listés dans la grille).

• aidez • apprendre • Depuis qu' • installés
• nous sommes intéressés • organiserait
• Premièrement • rencontrés • si • sont donnés

Mesdames et Messieurs du Conseil,

[1] .... merci de m'écouter. Notre lycée voudrait aider les jeunes réfugiés [2] .... dans notre ville. Nous les avons [3] .... et ils nous ont dit que le plus grand problème pour eux, c'était la barrière de la langue. [4] .... ils sont ici, ils voudraient apprendre le français mais ils ne savent pas comment faire. Notre directeur a dit qu'il [5] .... une heure de cours de français par semaine au lycée. En ce moment, ces cours [6] .... par nos profs de français. Mais une heure par semaine, ce n'est pas assez.

Avec ma classe, nous [7] .... à ce problème et nous avons décidé de créer une application destinée aux réfugiés, pour leur faire [8] .... le français. Nous voulions vous parler aujourd'hui pour vous dire que [9] .... le conseil municipal pouvait financer un portable pour ces jeunes, ils pourraient utiliser notre appli et apprendre plus vite. S'il vous plaît, [10] ....-nous à les aider !

Merci de votre attention.

Émeline Bourgouin

3 Écrivez votre propre discours pour présenter votre idée d'application pour aider les réfugiés à apprendre la langue d'instruction de votre lycée. Marquez un point à chaque fois que vous utilisez un point de grammaire de la liste.

Points de grammaire	Utilisé ? ✔
l'impératif	
les connecteurs logiques : présentation et conclusion	
les verbes pronominaux au passé composé	
les phrases à la voix passive	
le participe passé employé comme adjectif	
les phrases au style indirect	
les phrases avec *si*	
la durée : *depuis / pendant (que)*	
le double infinitif : *(se) faire* + infinitif	
l'accord du participe passé	

....

....

....

....

....

....

....

....

....

....

....

....

....

....

....

....

....

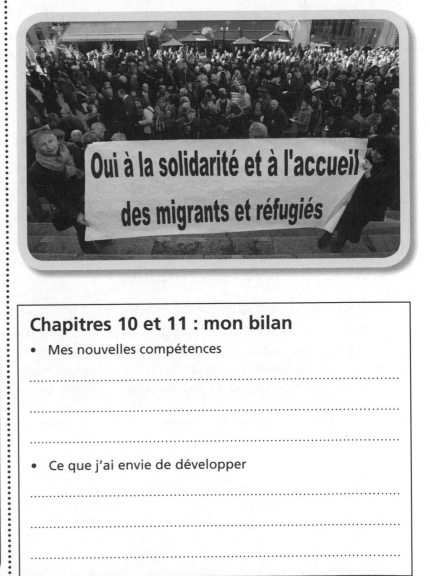

Chapitres 10 et 11 : mon bilan

• Mes nouvelles compétences

....

....

• Ce que j'ai envie de développer

....

....

....

12 Faites vos preuves !

La compréhension écrite

Le service civique et les Gilets Bleus

1 En 2012, l'association *Banlieue Sans Frontières en Action*, qui s'occupe des étudiants en difficulté, a eu l'idée de proposer à ses jeunes de faire un service civique de six mois à l'hôpital. C'est ainsi que sont nés les « Gilets Bleus » qui accueillent, renseignent et soutiennent les patients. Interview de Hadji Touvir, vice-président de l'association.

2 *Pourquoi participer au service civique ?*

Depuis 2007, notre association s'occupe de la réinsertion des jeunes, mais aussi du vivre-ensemble en banlieue. Nous avons réalisé, en accompagnant des personnes âgées ou malades à l'hôpital, qu'elles étaient perdues dans cet univers. On a donc eu l'idée de mettre les uns et les autres en rapport et on a demandé aux jeunes de venir aider ces personnes. Cela a un gros impact sur ces jeunes. En effet, ils réalisent très vite qu'ils ont la chance d'être en bonne santé et ils découvrent l'empathie.

3 *En quoi était-ce pour vous un outil éducatif ?*

Notre objectif, c'est la réinsertion : que vont faire ces jeunes après ces six mois de service ? Le service civique est un outil extraordinaire car il est très flexible et il permet aux jeunes de renouer avec les codes de la vie en commun – se réveiller, être présentable, bien s'exprimer, arriver à l'heure, etc. À l'hôpital, comme ils sont entourés de professionnels – techniciens, jardiniers, cuisiniers, agents de sécurité, aide-soignants… – et qu'ils ont l'opportunité de prolonger leurs six mois de service par un petit stage, les jeunes trouvent souvent leur vocation. C'est ainsi que nous avons réussi à introduire dans le monde du travail 30 jeunes qui ont suivi une formation ou obtenu un emploi d'avenir à l'hôpital.

4 *Comment convaincre des jeunes en difficulté de s'engager ?*

Grâce aux réseaux sociaux, le système a beaucoup de succès. Nous avons 90 Gilets Bleus par an, dans quatre hôpitaux, et beaucoup de demande. Parmi ces jeunes, certains ont des difficultés considérables, d'autres sont sans emploi ou en échec scolaire, et il y a aussi des étudiants. Plusieurs de nos jeunes en grande difficulté travaillent maintenant à l'hôpital et nous sommes très contents qu'ils soient repartis sur la bonne voie.

En vous basant sur le **paragraphe 1**, trouvez les mots du texte qui ont la signification suivante.

1 l'organisation ....

2 reçoivent ....

3 informent ....

4 aident ....

5 malades ....

Les affirmations suivantes, basées sur le **paragraphe 2**, sont soit vraies, soit fausses. Cochez la bonne réponse et justifiez votre réponse par des mots du texte.

Exemple : S'occuper des jeunes est le seul objectif de l'association.

Faux : l'association s'occupe aussi du vivre-ensemble en banlieue

	VRAI	FAUX
1 Les personnes âgées avaient des difficultés à s'orienter dans l'hôpital.	☐	☐
2 L'association fait des actions séparées pour les jeunes et pour les personnes âgées.	☐	☐
3 Le travail à l'hôpital permet aux jeunes de mieux comprendre les autres.	☐	☐

En vous basant sur le **paragraphe 3**, répondez aux questions suivantes.

1 Combien de temps dure le service civique ?

....

2 Quelles sont les règles de base pour vivre en société ?

....

3 Que peuvent faire les jeunes juste après leur service civique ?

....

4 Combien de jeunes ont trouvé un travail à l'hôpital ?

....

4 En vous basant sur le **paragraphe 4**, choisissez les **deux** affirmations vraies.

Exemple : | A | ☐ | ☐ |

A *On parle beaucoup de la réussite du service civique.*

B Les Gilets Bleus travaillent tous dans le même hôpital.

C Certains jeunes vont à l'université.

D Certains jeunes sont au chômage.

E Tous ces jeunes ont échoué à l'école.

F Tous ces jeunes ont trouvé un emploi à l'hôpital.

Pour bien comprendre un texte

• Faites attention au vocabulaire ; pensez au contexte et aux mots de la même famille.

• Faites attention à la grammaire : identifiez le temps des verbes.

Lire les consignes

• Notez bien à quel paragraphe correspondent les questions.

Bien répondre aux questions posées

• Dans les exercices 2 et 3, vous pouvez répéter les mots du texte dans vos réponses, mais seulement les mots pertinents. Ne recopiez pas des phrases entières.

• Dans l'exercice 3, faites bien attention aux mots interrogatifs.

Dans un test de lecture

• Si vous êtes sûr(e) de la bonne réponse, écrivez-la vite et passez à la question suivante.

• Si vous n'êtes pas sûr(e), gardez quelques minutes à la fin pour relire la question et essayer de trouver la réponse.

12/2

L'expression écrite

Tâche (texte personnel)

Vous avez été bénévole pour servir des repas aux sans-abri à la cantine de la Nuit des Sans-Abri le 20 octobre *(voir Livre de l'élève 2, chapitre 12, section B).*

Écrivez un texte pour raconter ce que vous avez fait et ce que vous a apporté cette expérience.

1 Quel type de texte est le plus approprié ? Quel type de texte est acceptable ? Quel type de texte ne convient pas du tout ?

un entretien	une invitation	un journal intime

2 Simon a choisi le journal intime. Cochez les bonnes conventions pour ce type de texte dans la liste ci-dessous, comme dans l'exemple.

un titre	
une introduction	
le nom de l'auteur	
une date	✔
une formule d'appel	
des questions et des réponses	
une salutation finale	
l'utilisation de *je*	
l'utilisation de *tu* ou *vous*	
un registre familier	
un registre formel	
un ton qui reflète les sentiments de l'auteur	
un ton neutre	

3 Aidez Simon à compléter le plan de sa rédaction. Recopiez les éléments dans l'encadré au bon endroit, comme dans l'exemple.

> • Formule d'appel • Salutation finale • à demain ! • Cher Journal
> • aider à distribuer des repas • discuter avec les sans-abri
> • découvrir la vie des sans-abri • nuit fatigante mais enrichissante
> • donner l'envie de continuer à aider • ~~le 21 octobre~~ • par conséquent
> • en plus

Plan

1 Date : ·le 21 octobre ·······················

2 a·····················: b··································
Expliquer ce que j'ai fait :

3a Point 1   c··································
(connecteur)   d··································

3b Point 2   e··································
Expliquer ce que cette expérience m'a apporté :

4a Point 1   f··································
(connecteur)   g··································

4b Point 2   h··································

5 Phrase de conclusion : i··························

6 j·····················: k··································

4 Sur une feuille, complétez le texte de Simon, en respectant les conventions et en suivant son plan. Écrivez 70–150 mots.

Le 21 octobre

Cher Journal,

Hier soir, je suis allé aider comme bénévole à la Nuit des Sans-Abri. C'était une expérience fantastique et je vais m'en souvenir toute ma vie ! En effet,...

5 Sur une feuille, écrivez votre propre texte de 70–150 mots.

La présentation de la photo

B

1 Regardez les photos et les points de Lucie ci-dessous. Quelle photo a-t-elle choisie ?

> • *problème de harcèlement*
>
> • *deux jeunes garçons et une adulte*
>
> • *premier plan : un garçon qui harcèle un plus jeune*
>
> • *au collège, entre deux cours*
>
> • *un garçon qui harcèle un garçon plus jeune / une femme (prof ?) se précipite / stopper le harceleur*
>
> • *harcèlement au collège : grand problèmes en France comme ici*
>
> • *moi : déjà harcelée / problème de société très grave, aggravé par réseaux sociaux*

2 Complétez la présentation de Lucie.

J'ai choisi la photo qui traite de…

....

Sur cette photo, il y a…

....

Au premier plan, on voit…

....

Au second plan,…

....

La scène se passe à / en (endroit / moment) parce que (+ détails culturels si appropriés)…

....

Un des garçons est en train de…

....

La prof est sur le point de…

....

Cette image me fait penser à…

....

En effet…

....

Tout comme en France,…

....

Cette photo me parle parce que…

....

3 Regardez la suggestion de plan et préparez des notes pour l'autre photo.

Suggestion de plan	Notes
1 Phrase d'introduction	
2 Phrase de présentation générale	
3 Description plus précise	
4 Où et quand (probabilités)	
5 Qui, quoi, pourquoi (probabilités)	
6 Établir des liens avec les cultures francophones	
7 Impressions personnelles ; lien avec le thème	

4 Sur une feuille, écrivez une présentation pour cette deuxième photo pour vous entraîner.

Rappel grammaire

L'utilisation des temps

1 Dans l'exercice suivant, vous aurez besoin de verbes aux temps suivants :

le présent (× 2)	le futur simple (× 1)	l'imparfait (× 2)
le passé composé (× 3)	le plus-que-parfait (× 1)	
le subjonctif présent (× 1)	le conditionnel présent (× 1)	

A Complétez ces phrases en conjuguant le verbe entre parenthèses à la personne et au temps appropriés.	B Traduisez ici les phrases dans la langue d'instruction de votre lycée.	C Cachez la colonne A et regardez votre traduction. Écrivez les phrases en français. Attention aux verbes !
1 Je vous [*écrire*] .... suite à votre annonce concernant le rôle de bénévole dans votre association.		
2 Très souvent, pendant ces dernières années, ma sœur [*souffrir*] .... des préjugés parce qu'elle [*se déplacer*] .... en fauteuil roulant depuis 2015 quand elle [*rester*] .... handicapée suite à un accident.		
3 Si un jour nous avions une baguette magique, nous [*changer*] .... les mentalités des gens racistes.		
4 Bien que je [*être*] .... très occupé avec mon travail scolaire, je voudrais faire quelque chose d'utile pour ma ville.		
5 Avant de commencer mes activités de CAS, je ne [*faire*] .... rien pour aider la communauté.		
6 Avant de devenir bénévole dans l'association anti-raciste l'année dernière, mes amis [*être*] .... eux-mêmes victimes d'attaques racistes.		
7 Si les jeunes en difficulté participent au service civique, ils [*avoir*] .... plus de chance de se réinsérer dans la société plus tard.		
8 Il [*dormir*] .... dans la rue depuis un an quand, l'été dernier, l'association Entr'aide l'[*aider*] .... à retrouver du travail.		

Acknowledgements

The authors and publishers acknowledge the following sources of copyright material and are grateful for the permissions granted. While every effort has been made, it has not always been possible to identify the sources of all the material used, or to trace all copyright holders. If any omissions are brought to our notice, we will be happy to include the appropriate acknowledgements on reprinting.

Unit 12 'De la banlieue aux gilets bleus', Joséphine Bataille © La Vie, Joséphine Bataille, publié sur lavie.fr le 6 février 2015

Thanks to the following for permission to reproduce images:

Cover Image: Bernard Jaubert/Getty Images

ARTPUPPY/GI; Charles Knox/Shutterstock; hh5800/GI; porcorex/GI; OcusFocus/GI; Hector Conesa/Shutterstock; Education Images/GI; ruffraido/GI; Gilles Paire/Shutterstock; Nolte Lourens/Shutterstock; Tony Anderson/GI; apomares/GI; criloks/GI; ESCUDERO Patrick/GI; © Min.Agri.fr; dov makabaw/Alamy; Design Pics/Reynold Mainse/GI; gdagys/GI; VALERY HACHE/GI; sturti/GI; SolStock/GI; Steve Debenport/GI.

Key: GI= Getty Images